활용
몽골인-한국어
한국인-몽골어
회화

문예림

http://www.bookmoon.co.kr

**활용 몽골인 – 한국어, 한국인 – 몽골어회화**

초판 3쇄 인쇄  2024년 1월 30일
초판 3쇄 발행  2024년 2월 16일

지은이   김기선
발행인   서덕일

펴낸곳   문예림
주  소   경기도 파주시 회동길 366 (10881)
전  화   (02)499-1281~2
팩  스   (02)499-1283
E-mail   info@moonyelim.com

출판등록  1962.7.12 (제406-1962-1호)
ISBN     978-89-7482-546-1(13790)

잘못된 책은 구입하신 서점에서 교환하여 드립니다.
이 책은 저작권법에 의해 보호를 받는 저작물이므로 무단 전재와 복제를 금합니다.

## 서문

한국어와 몽골어는 조어법상 음운, 형태, 통사 등 언어의 여러 분야에서 많은 공통점을 가지고 있다. 특히 우리말과 어순이 같은 교착어라는 점에서 학습자들은 더욱 몽골어에 친숙함을 느끼고 매력을 느낄 것이다.

그러므로 본 저술은 초급단계의 학습자들을 배려하여 몽골어 문장의 기본구조에서부터 다양한 사례 분석에 이르기까지 학습자의 요구 수준을 충족시키며 광범위한 부문에서 양 문화의 공통점과 차이점들을 명료하게 확인해 볼 수 있도록 주안점을 두었다.

흔히들 한국과 몽골을 '사돈의 나라', 즉 '우리는 일가'라고 말한다. 그만큼 관혼상제에서 두 나라는 가장 가깝고도 친밀성이 있다는 말일 것이다. 또한 몽골 사람들은 우리 한국인들을 '솔롱고스'라 부른다. 솔롱고스는 무지개를 뜻하는 말로 역사적으로 '사돈', '일가' 그 이상의 의미를 담고 있는 말일지도 모른다.

한·몽 수교 10주년이 된 2000년 이후 몽골을 방문하는 한국 관광객은 계속 증가하여 매년 4만 명이 넘게 몽골을 방문하고 있다. 13세기와 21세기가 공존하는 초원의 나라 몽골을 방문하면 모든 이의 마음을 사로잡는 것들이 있다. 여름이면 지천으로 핀 수십 종의 야생화와 밤마다 눈 앞에서 뛰어오르면 잡힐 것 같은 은하수와 쏟아지는 별들, 광막한 초원과 푸른 하늘이 만나는 지평선 너머 뭉게구름들의 향연 등. 이 모든 추억들은 초원에서 만나는 조랑말의 질주 이외에도 우리의 마음을 영원히 풍요롭게 하는 잔상들이다. 그만큼 몽골은 우리에게 친숙하게 다가와 있는 것이다.

이러한 시점에서 본 책은 급변하는 세계화 시대에 부응하기 위한 좀 더 필수적인 입문 도입서로서 몽골어를 배우는 한국 학생들과 국내 다문화가정 및 근로자들이 여행이나 개인 연구에서 이 책을 활용하는데 도움이 되고 여행의 길잡이 역할을 할 수 있도록 되도록 평이하게 기술하는데 유념하였다.

또한 이 책은 몽골어를 처음 접하는 한국인 학습자들에게 몽골어에 쉽게 접근할 수 있도록 학습효과를 최대화하기 위해 관련 문법내용을 요약

하여 제시하였으며, 책의 후반부에는 특히 국내 거주 몽골인이 한국 문화와 친숙해지도록 부록을 달아 한국 민속에 대해 엄선하여 정리해 두었다.

  끝으로 이 책이 나오기까지 깊은 관심과 열정으로 이 책을 출판해 주신 문예림 서덕일 사장님과 직원 여러분께 고마운 인사를 드린다.

2010년 5월  저자 적음

## Өмнөх үг

Солонгос хэл ба монгол хэл нь үг бүтэх ёс, авиа, байдал шинж, өгүүлбэр зүй зэрэг хэлний янз бүрийн салбарт олон ижил талыг агуулж байдаг. Ялангуяа манай хэлтэй өгүүлбэрт орох үгийн дараалал адил байдаг талаасаа суралцаж буй хүмүүст монгол хэл нь илүү танил дотноор мэдрэгдэж сэтгэлийг нь татдаг юм.

Тиймээс уг ном нь анхан шатны суралцагчдад ач холбогдолтой бөгөөд монгол хэлний өгүүлбэрийн үндсэн бүтцээс эхлээд олон янзийн жишээ анализ хийх хүртэлх суралцагчдийн шаардлагын түвшинг хангах өргөн хүрээний салбарт хоёр талын хэлний ижил тал ба ялгаатай талуудыг тодорхой баталгаажуулан үзэж болоход гол ач холбогдол нь оршиж байгаа юм.

Ихэнхдээ солонгос ба монголыг "Худ ургийн улс", өөрөөр хэлбэл "Бид садан төрөл" гэж ярьдаг. Тэр хэмжээгээрээ насанд хүрэгсдийн ёс, хуримын ёс, оршуулга, удамшил нь хоёр улс хамгийн ойролцоо бөгөөд дотно шинж байдаг гэсэн үг байдаг. Мөн монгол хүмүүс манай улсыг "Солонгос" гэж нэрлэдэг. Солонгос нь солонго гэсэн утгатай үг бөгөөд түүхэнд "Худ ураг", "Садан төрөл" үүнээс ч дээш утгыг агуулж буй үг ч байж болох юм.

БНСУ, Монгол улсын хооронд дипломат харилцаа тогтоосны 10 жилийн ой болсон 2000 оноос монголд зорчиж буй солонгосын жуулчид арван мянган хүнээс давж, ойрын үед жил бүр дөчин мянган гаруй хүн монголд айлчилж байна. Монголд зочилбол бүх хүний сэтгэлийг эзэмддэг зүйлүүд байдаг. Жишээлбэл, зуны улиралд элбэг баялгаар дэлгэрдэг хэдэн зуун төрлийн байгалийн цэцэгс, шөнө болгон нүдний өмнө урган гарч гарт баригдах гэж байгаа юм шиг байдаг тэнгэрийн заадас ба гялалзах однууд, эцэс төгсгөлгүй тал нутаг ба хөх тэнгэртэй залгагдах тэнгэрийн хаяаг дагасан хөвөн цагаан үүлнүүд гэх мэт. Энэ бүх дурсамжууд, тал нутагт дахь монгол мориньи хурдлан давхих зэрэг нь бидний сэтгэлийг үүрд мөнх баяжуулах сэтгэгдлүүд юм. Тэр хэмжээгээрээ монгол нь бидэнд улам ойр дотно болж байгаа юм.

Энэ үзэл бодлоос уг ном нь хурдацтайгаар өөрчлөгдөн даяаршиж буй цаг үед нийцэхэд илүү зайлшгүй хэрэгтэй хөтөч болохын хувьд монгол хэлийг сурч байгаа солонгос оюутнууд аялал жуулчлал болон хувийн судалгаандаа энэ номыг хэрэглэхэд тус дөхөм болж, аяллын замын хөтчийн үүргийг гүйцэтгэж чадахаар ашиглахад хялбархан байхыг анх ааран бодсон болно.

Мөн энэ ном нь монгол хэлийг анхлан үзэж байгаа суралцагчдад монгол хэлийг хялбархаар ойлгож болох сургалтын үр дүнг дээшлүүлэхийн тулд холбогдох хэлний дүрмийн агуулгыг товчлон хийсэн бөгөөд, номын сүүлийн хагаст нь ялангуяа анхлан суралцагч монголын соёлтой танилцахаар хавсралтыг хийж монгол ардын ёс заншилын тухай цэгцлэн оруулсан болно.

Төгсгөлд нь энэ номыг гарах хүртэл гүн гүнзгий сонирхол болон халуун сэтгэлээрээ дэмжин, энэ номыг хэвлэж өгсөн Со дог ил захирал болон ажилтан бусад хүмүүст талархсанаа илэрхийлж байна.

2010 оны 5 сар Зохиогчоос

# 목차

**нэгдүгээр хэсэг: Монгол ба Солонгос хэлний уншлага ба хэлзүй**
**제1부: 몽골어와 한국어의 읽기와 문법 • 13**

1-р бүлэг: Монгол үсэг ба дуудлага
제1과 : 몽골어 철자 및 발음 • 14

2-р бүлэг: Солонгос үсэг ба дуудлага
제2과 : 한국어 철자 및 발음 • 19

3-р бүлэг: Монгол хэлний хэлзүй
제3과 : 몽골어 문법 • 21

4-р бүлэг: Солонгос хэлний хэлзүй
제4과 : 한국어 문법 • 74

**хоёрдугаар хэсэг: Өдөр тутмын үгнүүд**
**제2부: 생활단어들 • 83**

Ⅰ. Гэр бүл: 가족 관계 • 84
Ⅱ. Тоо: 수사 • 88
Ⅲ. Цаг хугацаа: 시간 • 94

Ⅳ. нас: 나이 • 102

Ⅴ. өнгө: 색 • 104

Ⅵ. Мэдрэмжийн тухай тэмдэг үйл үгнүүд: 감각에 관한 형용사들 • 106

Ⅶ. Чиглэл: 방향 • 108

Ⅷ. Хэмжих нэгж: 측정 단위 • 110

Ⅸ. Бие махбод: 신체 • 112

Ⅹ. ӨВЧНИЙ НЭР БА ЭМ: 병명과 약 • 114

Ⅺ. ТЭЭВРИЙН ХЭРЭГСЭЛ БА ГАЗАР: 교통수단과 장소 • 118

Ⅻ. ГЭР АХУЙ, АМЬЖИРГАА: 살림살이 • 122

ⅩⅢ. ГЭР АХУЙН ХЭРЭГЛЭЭНИЙ ЗҮЙЛС: 생활용품 • 128

ⅩⅣ. АРИУН ЦЭВРИЙН ӨРӨӨНИЙ ХЭРЭГСЛҮҮД: 욕실용품 • 132

ⅩⅤ. ГОО САЙХНЫ БҮТЭЭГДЭХҮҮН БА ХҮҮХДИЙН ХЭРЭГЛЭЭНИЙ БҮТ ЭЭГДЭХҮҮН: 화장품과 아기용품 • 134

ⅩⅥ. ҮЙЛТ ТЭМДЭГ НЭР, ЭСРЭГ ҮГ: 형용사 반대어 모음 • 136

# Гуравдугаар хэсэг: Ашигтай Харилцан Ярианууд
# 제3부: 유용한 대화들 • 141

## МОНГОЛД: 몽골에서 • 142

Нэгдүгээр хичээл. Анхны уулзалт
제 1 과: 처음 만날 때 • 142

Хоёрдугаар хичээл. Болзоо болон хурмын анхны шөнө
제 2 과 : 데이트 및 신혼 첫날 밤 • 146

Гуравдугаар хичээл. Хурим
제 3 과 : 결혼식 때 • 151

Дөрөвдүгээр хичээл. Хоолны газар дахь яриа
제 4 과 : 식당에서 • 153

Тавдугаар хичээл. Зам асуух
제 5 과 : 길 묻기 • 157

Зургаадугаар хичээл. Зочид буудал
제 6 과 : 호텔에서 • 160

# Солонгост: 한국에서 • 164

Нэгдүгээр хичээл. Онгоцны буудлын Хилийн шалган нэвтрүүлэх төв
제 1 과 : 공항 출입국 관리소에서 • 164

Хоёрдугаар хичээл. Бэр хадмынд очихдоо
제 2 과 : 신부가 시집에 왔을 때 • 167

Гуравдугаар хичээл. Нөхөр ажилдаа явах болон ажлаас ирэх
제 3 과 : 남편의 출퇴근 • 170

Дөрөвдүгээр хичээл. Мэндчилгээ
제 4 과 : 인사 • 173

Тавдугаар хичээл. Асуулт ба хариулт
제5과 : 질문, 대답 • 180

Зургаадугаар хичээл. Талархал, уучлал
제6과 : 감사, 사과 • 190

Долоодугаар хичээл. Гуйлт, зөвлөгөө
제7과 : 부탁, 권유 • 192

Наймдугаар хичээл. Утас залгах авах
제8과 : 전화 걸기, 받기 • 201

Есдүгээр хичээл. Үнэ
제9과 : 가격 • 204

Аравдугаар хичээл. Эд зүйлс худалдан авах
제10과 : 물건사기 • 206

Арваннэгдүгээр хияээл. Хоол
제11과 : 식사 • 218

Арван хоёрдугаар хичээл. Бие, Өвчин, Эмчилгээ, Жирэмсэлт
제12과 : 몸, 병, 치료, 임신 • 229

Арвангуравдугаар хичээл. Аялал
제13과 : 여행 • 244

14 дүгээр хичээл. Уурласан эхнэрээ тайвшруулах
제14과 : 화난 아내 달래기 • 250

15 дугаар хичээл. Эхнэрийн төрсөн өдөр
제15과 : 아내의 생일 • 255

# Дөрөвдүгээр хэсэг: Хавсралт
# 제4부 : 부록 • 257

Ⅰ. 한국 생활 중 신부의 유의할 점 • 258
   СОЛОНГОС ДАХЬ АМЬДРАЛЫН ТУРШИД ШИНЭ БЭРИЙН АНХААР
   ЛАА ТАВИХ ЗҮЙЛҮҮД

Ⅱ. 상호간의 호칭 • 264
   Харилцан хоорондоо хүндэтгэж дуудах

Ⅲ. 개인예절 • 272
   ХУВЬ ХҮНИЙ ЁС ЖУРАМ

Ⅳ. 국기, 국가 • 292
   ТӨРИЙН ДАЛБААГ ӨРГӨХ, төрийн дуулал

## НЭГДҮГЭЭР ХЭСЭГ

Монгол ба Солонгос хэлний уншлага ба хэлзүй

# 제1부 : 몽골어와 한국어의 읽기와 문법

# 1-р бүлэг: Монгол үсэг ба дуудлага

## ● 제1과 몽골어 철자 및 발음 ●

| 인쇄체 | IPA음 | 한글음 |
|---|---|---|
| А а | [a] | 아 |
| Б б | [b] | 베 |
| В в | [v] | 웨 |
| Г г | [g] | 게 |
| Д д | [d] | 데 |
| Е е | [jɛ, jö] | 예, 여 |
| Ё ё | [jɔ] | 요 |
| Ж ж | [dʑ] | 쩨 |
| З з | [dz] | 제 |
| И и | [i] | 이 |
| Й й | [ĭ] | 하가스 이 |
| К к | [k, kh] | 카 |
| Л л | [l] | 엘 |
| М м | [m] | 엠 |
| Н н | [n, ŋ] | 엔 |
| О о | [ɔ] | 오 |
| Ө ө | [ö] | 어 |
| П п | [p, ph] | 페 |

철자 발음

| Р р | [r] | 에르 |
|---|---|---|
| С с | [s] | 에스 |
| Т т | [t] | 테 |
| У у | [u] | 오 |
| Ү ү | [ü] | 우 |
| Ф ф | [f] | 에프 |
| Х х | [x] | 헤 |
| Ц ц | [ts] | 체 |
| Ч ч | [tʃ] | 쳬 |
| Ш ш | [ʃ] | 이쉬 |
| Щ щ | [ʃtʃ] | 이쉬쳬 |
| Ъ |  | 하토깅 템덱 |
| Ы | [ï:] | 의: |
| Ь | [i] | 절르니 템덱 |
| Э э | [ɛ] | 에 |
| Ю ю | [ju, jü] | 요, 유 |
| Я я | [ja] | 야 |

철자 발음

## 철자 및 읽기

### 1. 몽골어 알파벳

※ 몽골어 철자는35(자음20, 모음13, 부호:2)자로 구성되어 있다.

### 2. 모음

몽골어의 모음은 모두 13개로 이루어져 있으며, a[아] э[에] и[이] о[어] у [오] ө[어] ү [우] 7모음을 기본모음이라고 한다. 그 외에 я[야] е [예], ё [여] ю [유] й[이] ы[이:]를 보조모음이라 한다.

* 기본 7모음: a, э, и, о, ө, у, ү
* 장모음:   aa[아:],   ээ[에:],   ий[이:],   оо[어:],   өө[오:],   үү [오:],   уу [우:],
* 이중모음: ай[아이], эй[에이], ой[어이], уй[오이], үй[우이]

※ 한글 발음표기에 나타나는 ':'는 바로 옆의 모음이 길게 발음되는 장모음임을 나타낸다.

### 2.1 기본7모음 발음표

| 혀위치<br>구강넓이 | 전설 | | 중설 | | 후설 | |
|---|---|---|---|---|---|---|
| | 평순 | 원순 | 평순 | 원순 | 평순 | 원순 |
| 좁은 | и[i] | | | ү[ü] | | у[u] |
| 중간 | э[e] | | | ө[ö] | | о[o] |
| 넓은 | | | | a[a] | | |

## 2.2 모음조화 법칙

몽골어에는 모음조화의 규칙이 확실하게 적용된다. 하나의 단어에는 남성모음(а, о, у)이면 남성모음, 여성모음(э, ө, ү)이면 여성모음 중 어느 한 종류의 모음만 어울릴 수 있다. 이들 두 모음군은 음운규칙상 한 단어 안에서 모음출현의 제약을 받는다. 이를 '모음조화'라고 부른다. 모음 и는 전설모음으로 발음되지만 중성모음과 남성모음 그리고 여성모음 어느 모음과도 어울릴 수 있다.

(2) a. аав-аас [아아바스]
　　　아버지-에게서
　　b. эмээ-(г)ээс [에메게스]
　　　할머니-에게서

아래(3a, 3b)의 표현과 같이 몽골어는 한 단어에서 и의 경우를 제외하고는 두 모음군이 공존할 수 없다. 이러한 모음조화는 몽골어 격어미의 사용에 영향을 미치는데 남성모음으로 이루어진 단어는 남성모음으로 된 격어미(тийн ялгал)를, 여성모음으로 이루어진 단어는 여성모음으로 된 격어미를 취한다.

(3) a. гар- ын[가링]
　　　손-의
　　b. гэр-ийн[게링]
　　　게르(집)-의

## 3. 자음

3.1  н 문자는 뒤에 모음이 있으면 н ([n]), 뒤에 모음이 없으면 нг ([n]) 음성을 표기한다.

(4) a. хан [항]
    왕
  b. хана [한]
    벽

3.2　п, ф, ш, щ 의 4철지를 특수 4자음이라고 한다. 이들 4자음은 몽골어에는 거의 없고 주로 외래어 표기에만 쓰이기 때문이다.

# 2-р бүлэг: Солонгос үсэг ба дуудлага

## ● 제2과 한국어 철자 및 발음 ●

철자 발음

| | үсэг[우세그] | дуудлага[도드라그] |
|---|---|---|
| Ганц эгшиг [강츠 엑시그] 단모음 [danmo'eum] | 아 | A |
| | 야 | Ya |
| | 어 | Eo |
| | 여 | Yeo |
| | 오 | O |
| | 요 | Yo |
| | 우 | U |
| | 유 | Yu |
| | 으 | Eu |
| | 이 | I |
| | 애 | Ae |
| | 얘 | Yae |
| | 에 | E |
| | 예 | Ye |
| Хос эгшиг [허스 엑시그] 이중모음 [ijungmo'eum] | 외 (오+이) | Oe |
| | 위 (우+이) | Wi |
| | 의 (으+이) | Ui |
| | 와 (오+아) | Wa |
| | 왜 (오+애) | Wae |
| | 워 (우+어) | Wo |
| | 웨 (우+에) | We |

| 철자 발음 | | | |
|---|---|---|---|
| гийгүүлэгч [기그레그치] 자음 [ja'eum] | ㄱ | g, k |
| | ㄴ | N |
| | ㄷ | D |
| | ㄹ | r, l |
| | ㅁ | M |
| | ㅂ | B |
| | ㅅ | S |
| | ㅇ | Ng |
| | ㅈ | J |
| | ㅊ | Ch |
| | ㅋ | K |
| | ㅌ | T |
| | ㅍ | P |
| | ㅎ | H |
| ижил гийгүүлэгч [이질 기그레그치] 쌍자음 [ssangja'eum] | ㄲ | Kk |
| | ㄸ | Dd |
| | ㅃ | Pp |
| | ㅆ | ss |
| | ㅉ | jj |
| Хос гийгүүлэгч [허스 기그레그치] 이중자음 [ijungja'eum] | ㄱㅅ ㄴㅈ, ㄴㅎ ㄹㄱ, ㄹㅁ, ㄹㅂ, ㄹㅎ ㅂㅅ | |

# 3-р бүлэг: Монгол хэлний хэлзүй

● 제3과　몽골어 문법 ●

몽골어의 품사는 크게 명사, 동사, 첨사의 세 종류로 분류되며 이들 품사는 명사, 대명사, 수사, 형용사, 동사, 부사, 후치사, 감탄사, 조사, 접속사 등 10가지로 세분할 수 있다. 이들 모든 품사는 위의 세 종류 중 하나에 포함된다.

일반적으로 명사에는 실명사, 형용사, 수사, 대명사가 포함되며, 동사에는 실동사, 명령소망동사, 부동사, 형동사를 설정하고, 첨사에는 접속사, 부가사, 감탄사가 모두 포함된다.

## 1장 인칭대명사 (Биеийн төлөөний үг)

몽골어 인칭대명사는 다음의 7가지 어형으로 이루어져 있다.

　1인칭: над-[나드], нам-[남], мин-[밍]
　2인칭: чин-[칭], чам-[참]
　3인칭: үүн-[우웅], түүн-[투웅]

### 1. 단수형

몽골어의 인칭대명사는 일인칭, 이인칭, 삼인칭을 표현하며 문장에서 7개의 격어미를 연결한다. 일인칭의 단수형은 주격에서 би(나), 속격에서 мин, 대격에 нам, 여처격과 조격, 그리고 공동격에서는 над라는 4가지 어형으로 나타낸다. 이인칭은 주격에서는 чи(너), 속격에서 чин, 여처격과 탈격, 그리고 조격 및 공동격에서 чам으로 나타난다. 이들을 정리해 보면 다음과 같다.

| 격어미 | 1인칭 | 2인칭 | 3인칭 | |
|---|---|---|---|---|
| 주격( ) | Би[비] (나) | Чи[치], та[타] (너, 당신) | Энэ[엔] (이것) | Тэр[테르] (그것) |
| 속격 (-ын/-ий н, -н) | Миний [미니] (나의) | Чиний[치니], таны[타니] (너의) | Үүний [우:니] (이것의) | Түүний [투:니] (그것의) |
| 여처격 (-д/-т) | Надад [나다드] (나에게) | Чамд[참드], танд[탄드] (너에게) | Үүнд [우운드] (이것에) | Түүнд [투운드] (그것에) |
| 대격 (-ыг/-ий г, -г) | Намайг [나마이그] (나를) | Чамайг [차마이그], таныг[타니그] (너를) | Үүнийг [우우니그] (이것을) | Түүнийг [투:니그] (그것을) |
| 탈격 (-аас4) | Надаас [나다:스] (나한테) | Чамаас[차마:스], танаас[타나:스] (너한테) | Үүнээс [우:네스] (이것부터) | Түүнээс [투:네스] (그것부터) |
| 조격 (-аар4) | Надаар [나다:르] (나로) | Чамаар[차마:르], танаар[타나:르] (너로) | Үүнээр [우:네르] (이것으로) | Түүнээр [투:네르] (그것으로) |
| 공동격 (-тай2) | Надтай [나드타이] (나와) | Чамтай[참타이], тантай[탄타이] (너와) | Үүнтэй [우운테이] (이것과) | Түүнтэй [툰:테이] (그것과) |

(1) Би 21 настай.
   비 허링네겡 나스타이
   나는 21살입니다.
   Чи юу хийж байгаа юм бэ?
   치 유 히지 바이가 윰 베
   너는 무엇을 하고 있니?.
(2) Миний нэрийг Туяа гэдэг.
   미니 네리그 토야 게데그
   내 이름은 토야입니다.

Чиний дүү ирээд явсан.
치니 두ː 이레ː드 야브상
너의 동생이 왔다 갔단다.

(3) Надад олон ном бий.
나다드 올롱 넘 비ː
나에게 많은 책이 있다.

Чамд улаан өнгө зохиж байна.
참드 올랑ː 옹고 저히지 바인
너에게는 빨간색이 잘 어울린다.

(4) Намайг гэр хүртэл хүргэж өгөөч.
나마이그 게르 후르텔 후르게지
나를 집까지 데려다 주세요.

Чамайг ангийн даргаар сонгосон.
차마이그 앙깅 다르가ː르 성거성오고치
네가 과대표로 선출됐다.

(5) Надаас ном зээлж авч болно шүү.
나다ː스 넘 제일지 아브치 볼른 슈
나한테 책을 빌려 갈 수 있다.

Чамаас гуйх зүйл байна.
차마ː스 고이흐 주일 바인
너한테 부탁이 하나 있다.

(6) Надаар зураг зуруулсан.
나다ː르 조라그 조롤ː상
나한테 그림을 그리게 했다.

Чамаар ном уншуулмаар байна.
차먀ː르 넘 옹숄ː마ː르 바인
너한테 책을 읽게 하고 싶다.

(7) Надтай кино үзэж чадах уу?
나드타이 키노 우제지 차다흐

나와 함께 영화를 봐 줄 수 있니.
Чамтай танайд очиж болох уу?
참타이 타니이드 어치지 벌러호
너와 함께 너희 집에 갈 수 있니?

(메모) 외국인 학습자의 경우 인칭대명사의 기본 어형에 격어미를 연결할 때 잘 못 옮기는 사례가 많이 나타난다. 예를 들어, Надыг, чамыг가 대표적인 경우이다. 예를 들어 1인칭의 경우 인칭대명사의 기본 어형이 3가지이기 때문에 처음에야 어느 형태에 격어미를 연결해야 할지 좀처럼 올바른 결합을 못하는 것은 어쩔 수 없다 하겠지만, 이런 것은 한 번 기억해 두기만 하면 쉽게 활용할 수가 있는 것이다.

## 2. 격어미와 복수어미

몽골어 주격어미는 문장에서 명사 어간과 같은 형태로 나타난다. 1인칭 대명사의 복수형은 어간인 би에 복수어미 д를 덧붙여 파생하는 бид로 나타난다. 2인칭 대명사도 속격과 여처격어미를 취할 때 똑같이 변화한다. 몽골어의 격(case)은 단어의 결합 또는 문장 내에서 명사, 명사와 동사 사이의 관계를 가리키는 문법 범주로 주로 체언에 연결되어 다른 문장성분들과 가지는 문법적 관계를 표시하여 주거나 또는 의미요소를 첨가해 주는 기능을 가지고 있는 형태다. 격어미는 현대몽골어와 한국어의 문법 범주 가운데 유사성을 보여주는 가장 대표적인 범주로 몽골어 인칭대명사는 격어미를 붙일 때 다음과 같이 변화한다.

주격 бид (우리)
   비드
   та нар(너희들/당신들)
   타 나르
속격 бидний ~ манай(저희의, 우리의)
   비드니  마나이

|  | та нарын ~ танай(너희들의/당신들의) |
| --- | --- |
|  | 타 나링　　　타나이 |
| 여처격 | бидэнд ~ манайд(우리에게) |
|  | 비덴드　마나이드 |
|  | та нарт~танайд(너희들에게/당신들에게) |
|  | 타 나르트~ 타나이드 |
| 대격 | биднийг(저희를, 우리를) |
|  | 비드니그 |
|  | та нарыг(너희들을/당신들을) |
|  | 타 나리그 |
| 탈격 | биднээс(저희한테, 우리한테) |
|  | 비드네:스 |
|  | та нараас(너희들한테/당신들한테) |
|  | 타 나라:스 |
| 조격 | биднээр(저희로, 우리로) |
|  | 비드네:르 |
|  | та нараар(너희들로/당신들로) |
|  | 타 나라:르 |
| 공동격 | биднэтэй(저희와, 우리와) |
|  | та нартай(너희들과/당신들과) |

## 2장 격어미와 재귀어미(Тийн ялгал ба хамаатуулах нөхцөл)

몽골어에는 8개의 격어미가 있으며 각각의 격어미들은 제각기 재귀어미를 취하며 다양한 의미기능을 갖는다. 몽골어의 하나의 독특한 형태라고 할 수 있는 재귀어미는 한국어에 쓰이지 않는 용법이라 어리둥절해지는 수가 많다. 이 중에서 주요하다고 생각되는 것을 추려내어 다루어 볼까 한다.

몽골어의 재귀어미는 일반재귀어미와 인칭재귀어미로 구분할 수 있고, 그 사용법은 다음과 같다. 일반재귀어미 -aa4는 주격 이외의 다른 모든 격어미 뒤에 연결되어 그 단어가 동작주(주어)에 소속되는 즉 <자신의>라는 의미를 갖게 된다. 인칭재귀어미는 문장에서 минь[민](1인칭), чинь[친](2인칭), нь[은](3인칭)과 같은 각 인칭에 대한 재귀소유의 의미를 갖게 된다.

    (1) 나는 (내)동생을 데리고 도서관으로 갔다.
        (O) Би дүүгээ дагуулаад номын сан руу явсан.
        비 두:게: 다골:라:드 너밍 상로 야브상
        (X) Би дүүг(미지칭) дагуулаад номын сан руу явсан.
    (2) 너는 (너의) 어머니에 대해 소개해주렴.
        (O) Чи ээжийгээ танилцуулаач.
        치 에에지게: 타닐촐:라치
        (X) Чи ээжийг(미지칭) танилцуулаач.

(메모) 재귀어미를 쓰는 것과 쓰지 않은 것이 위에서 보았듯이 많은 경우에 문장의 의미가 바뀐다. 따라서 격어미들에 대한 표현법을 익힐 때 재귀어미와 함께 외워두는 것이 몽골어 작문을 하는데 도움이 된다.

    1. 주격

몽골어 주격어미는 따로 어미를 갖지 않는다.
    (1) Миний аав эмч. = Аав маань эмч.
        미니 아아브 엠치 = 아아브 만: 엠치
        나의 아버지는 의사이다.
    (2) Бат, Туяа хоёр найзууд.
        바트, 토야 허여르 나이조:드
        바트와 토야는 친구이다.

(메모) 외국인 학습자들은 처음에 몽골어를 배울 때 문장에서 주어임을 나타내기 위해서 많이 쓰이는 몽골어 명사의 한정형 (주격표지) нь[은] 과 бол[볼]의 사용법을 구분 못하여 흔히 실수를 하게 된다.
한편으로 нь과 бол을 사용하는 많은 경우가 아래 (3)의 예문과 같이 주격 어미와 동일하게 쓰이지만 또 많은 경우(예문 4,5)에 몽골어로 옮기기가 매우 까다롭다. 예를 들면:

(3) 바트의 아버지는 선생님이다.
   (O) Батын аав багш.
   바팅 아아브 박쉬
   (O) Батын аав бол багш.
   바팅 아아브 볼 박쉬
   (O) Батын аав нь багш.
   바팅 아아븐 박쉬
(4) 해가 뜨고 있다.
   (O) Нар ургаж байна.
   나르 오르가지 바인
   (X) Нар нь ургаж байна.

(메모) 문장에서 서술어가 명사인 경우 нь과 бол을 쓰고 서술어가 동사인 경우에는 нь과 бол을 쓰지 않은 것이 옳은 방법이다.

## 2 속격: ~의

몽골어 속격어미는 -ын/-ийн, -ы/-ий, -н 등이 있다. -ын/-ийн을 단모음 또는 자음으로 끝나는 남성모음 뒤에 -ын을, 여성모음 으로 끝나는 단어 뒤에 -ийн을 연결한다

Батын гэр, аавын ажил, ээжийн цүнх.
바팅 게르, 아아빙 아질, 에에징 츙흐

바트의 집, 아버지의 일, 어머니의 가방

(메모) 몽골어 속격에서 외국인 학습자들이 어려움을 토로하는 문제는 일부 단어에서 어말자음이 숨은 -н으로 끝나는 경우 -г-가 나타난다는 점이다. 고대몽골어에서 자음 н은 한국어처럼 경구개(ㄴ)와 연구개(ㅇ) 두 가지가 있었다. 이들 가운데 연구개 -н(ng~ㅇ)로 끝나는 단어에 속격어미를 취할 때 -г-가 나타난다. 현대에 와서 일부 단어에 이 두 어말자음을 혼용하여 쓰기도 하고, 러시아의 키릴 문자를 받아들인 1950년 이후에도 이를 구별하지 않고 쓰게 되면서 몽골어를 배우는 외국인 학습자들에게는 구분하기 어려운 문제가 되었다.

(1) Энэ байшингийн будаг нь үнэхээр таалагдаж байна.
   엔 바이싱깅 보다근 우네헤:르 탈:라그다지 바인
   이 건물의 색깔이 참 마음에 든다.

(3) Би 1984 оны 3 сард төрсөн.
   비 망가 유승 종: 나잉 도르브 어니 고라브도가르 사르드 토르승
   나는 1984년의 3월에 태어났다.

위의 예문 (1)은 고대몽골어에서 연구개 н(ng)로 끝나는 단어의 대표적인 형태이다. 연구개 н(ng)로 끝나는 단어들은 고전몽골문자 사전에서 확인할 수 있으며, 이들 가운데 현대 몽골어에서 적극적으로 사용하는 어휘 몇 가지를 예를 들면 다음과 같다.

ан(г)ийн, хилэн(г)ийн, сан(г)ийн, лан(г)ийн, ган(г)ийн, шон(г)ийн, хун(г)ийн, тариалан(г)ийн, дүн(г)ийн, шан(г)ийн
(메모) -ы/-ийн는 장모음이나 이중모음으로 끝나는 단어에 취하며 어중에 -n이 나타난다. Тэмээний бөх, ширээний хөл, борооны дараа 등등. 한편 -ы/-ийн는 고대몽골어의 어말에 -н이 있었던 모든 명사에 연결하며 이 경우에 고대에 존재했었던 숨은 -н이 나타난다. 몽골어를 처음 배

우는 학습자들에게는 이러한 예들이 적지 않기 때문에 그것을 일일이 배우지 않으면 안되고 한편으로 어렵게 느껴지는 것이다. 역시 부단히 예외들을 익히는 연습만이 실수를 줄일 수 있다고 본다. 이러한 예외는 고전몽골 문자를 모르는 요즘 젊은 몽골 사람들도 잘 못 옮기는 경우가 더러 있다. 예를 들면:

(1) 몽골어의 많은 명사들이 고대에는 -н로 끝났었다.
 (O) Монгол хэлний олонх нэр үг нь эрт цагт -н-ээр төгсдөг байжээ.
 몽골 헬니 올롱흐 네르 우근 에르트 차그트 엔-에르 토그스드그 바이제
 (X) Монгол хэлийн

(2) 교통 체증이 몽골 사람들의 치아질환을 유발시키고 있다.
 (O) Замын бөглөрөө нь монголчуудын шүдний өвчин болж байна.
 자밍 보글로론: 몽골초:딩 슈드니 오브칭 벌지 바인
 (X) шүдийн өвчин

(문법 설명) 속격어미에 재귀어미 -aa4를 취할 때 재귀어미 앞에 x가 나타난다.

(1) Би ээжийнхээ хийсэн хоолонд дуртай.
 비 에에징헤 히셍 헐:렁드 도르타이
 나는 (내)어머니가 만든 음식을 좋아한다.
(2) Залуучууд бид улсынхаа хөгжилд хувь нэмрээ оруулах ёстой.
 잘로초:드 비드 올싱하: 호그질드 호비 네메르 어롤:라흐 요스토이
 젊은 사람들이 나라의 발전에 중추적인 역할을 하여야 한다.

### 3. 여처격

여처격 어미는 -д/-т이며 한국어의 '-에게/-한테, -에/-에(서)'에 대응된다. -т는 в, г, р, с로 끝나는 단어에, -д는 в, г, р, с 이외의 자음으로 끝나는 단어에 연결한다. 위에서 언급했듯이 고대몽골어 명사 어말에 숨은 -н이 있었던 단어들에 -д를 취할 때 역시 -н이 나타난다. Наранд[나랑드](태양에), оронд[어렁드](국가에), модонд[머덩드](나무에), алтанд[알탕드](황금에), хэлэнд[헬렝드](언어에), алганд[알강드](손바닥에), моринд[머링드](말에), хонинд[허닝드](양에), ямаанд[야망드](염소에), тэмээнд[테멩드](낙타에), хоолонд[헐:렁드](음식에) 등등.

또한 여처격 어미의 뒤에 재귀 어미를 바로 취한다.

(1) Бат мориндоо мордлоо.
바트 머링더: 머르드러:
바트가 (자신의) 말에(을) 탔다.
(2) Намайг ирээд явсан гэж аавдаа хэлээрэй.
나마이그 이레드 야브상 게지 아아브다 헬레레이
내가 왔다 갔다고 (너희) 아버지에게 전해 주렴.

### 4. 대격

몽골어의 대격 어미는 -ыг/-ийг, -г 등이 있다. -ыг는 단어의 끝이 단모음 또는 자음으로 끝나는 남성모음어에 연결하며, -ийг는 단어의 끝이 단모음 또는 자음으로 끝나는 여성모음어에 연결한다. 한편 -г는 장모음과 이중모음 또는 고대몽골어의 연구개 -нг로 끝나는 단어에 바로 취한다. 그리고 아래와 같이 인칭재귀어미 앞에서 -ы/-ий라는 이차적 형태가 나타난다.

(1) 형을 아버지가 찾고 있다고 전해주렴.
　　a. Ахыг аав дуудаж байна гээд дамжуулж өгөөч.
　　아히그 아아브 도:다지 바인 게:드 담졸:지 오고치
　　b. Ахы минь аав дуудаж байна гэж дамжуулж өгөөч.
　　아히 만: 아아브 도:다지 바인 게지 담졸:지 오고치
(2) 너의 노트를 내일 주마.
　　a. Чиний дэвтрийг маргааш өгье.
　　치니 데브트리그 마르가:시 오기예(이)
　　b. Дэвтрий чинь маргааш өгье.
　　데브트리 친 마르가:시 오기예(이)

(메모) 몽골어의 대격어미는 문장에서 격어미를 꼭 쓰지 않더라도 (영형태)로 나타날 수 있다. 이 경우는 '어떤, 무엇을'이라는 질문에 대한 답으로 주로 쓰인다.

(1) Би сонин уншиж байна.
　　비 서닝 옹시지 바인
　　내가 신문을 읽고 있다.
(2) Батын аав сонирхолтой ном авчирсан.
　　바팅 아아브 서니르헐터이 넘 아브치르상
　　바트의 아버님이 재미있는 책을 갖고 왔다.

### 5. 탈격

-аас4는 고대몽골어의 숨은 -н으로 끝나는 단어에 취하면 그 탈락된 -н이 나타나며 또한 고대몽골어의 후설 연구개음 -нг로 끝나는 단어에 취하면 어미 앞에 -г가 나타난다.

(1) Би Монголоос ирсэн.
　　비 몽골러스 이르셍

나는 몽골에서 왔다.

(2) Тэр эмэгтэй байшингаас гарч явна.
테르 에메그테이 바이싱가:스 가르치 야브나
그 여자가 건물에서 나가고 있다.

(메모1) 한편 몽골어의 탈격어미 -aac는 탈격 이외에도 비교격 등의 다양한 의미를 나타낸다.

(3) Цаснаасцагаан, цуснаас улаан.
차스나:스 차강:, 초스나:스 올랑:
눈보다 하얀, 피보다 더 빨간.

(4) Туяа Нараагаас хөөрхөн.
토야 나라:가:스 호:르흥
토야가 나라보다 예쁘다.

(메모2) 어미 -aac는 주격어미의 존대 형태를 나타난다. 공공 기관이나 단체에서 공문서 등을 작성할 때 -aac를 사용하며 이때는 주격어미와 똑같은 뜻을 나타낸다.

(5) 정부에서 공식 성명을 발표 했다.
(O) Засгийн газраас мэдэгдэл хийв.
자스깅 가즈라:스 메데그델 히브
(O) Засгийн газар мэдэгдэл хийв.
자스깅 가자르 메데그델 히브

(6) 대통령께서 말씀 하셨다.
(O) Ерөнхийлөгчөөс үг хэлэв.
요롱히로그초:스 우그 헬레브
(O) Ерөнхийлөгч үг хэлэв.
요롱히로그치 우그 헬레브

### 6. 조격(도구격)

몽골어의 도구격 -аар4는 고대몽골어의 후설 연구개음 -нг로 끝나는 단어나 장모음으로 끝나는 단어에 취하면 격어미 앞에 -г가 나타난다.

(1) Энэ ширээг модоор хийсэн.
   엔 시레:그 머더:르 히셍
   이 식탁을 나무로 만들었다.

(2) Сүүгээр цай сүлдэг.
   수:게:르 차이 술데그
   우유로 우유차를 끓인다.

또한 조격어미에 재귀어미를 바로 취한다.

(3) Гэрээрээ дайраад сургууль явна.
   게레:레: 다이라:드 소르골: 야브나
   (나의) 집에 잠깐 들르고 학교로 갈 것이다.

(4) Би бага байхдаа өвөөгөөрөө үлгэр яриулдаг байсан.
   비 바그 바이흐다: 오워:고:로: 울게르 야(예)리올다그 바이상
   내가 어렸을 때 할아버지로 하여금 옛날 이야기를 들려주시곤 했다.

### 7. 공동격 -тай/-тэй/-той

몽골어 공동격어미는 한국어의 '-와/-과'에 대응하며 문장에서 대부분의 경우 хамт(함께), цуг(같이), адил(같은) 등의 단어와 같이 쓰인다.

(1) Надтай хамт манай руу явцгаая.
   나드타이 함트 마니이로 야브츠가:야
   나와 함께 우리 집에 가자.

(2) Багштай цуг хичээл хийх ёстой.

박쉬타이 초그 히첼 히호 요스토이
선생님과 같이 공부해야 한다.

(메모) 한편 -тай/-тэй/-той 어미는 형용사를 파생하는 '~이 들어 있는, ~을 가진'의 의미를 나타내기도 한다. 문장에서 부정어미 -гүй를 연결하면 '~이 없다'는 의미를 나타낸다. 또한 공동격어미는 의미상 -гүй로 바뀔 수 없으며 어미 뒤에 재귀어미를 취하는 반면 -тай/-тэй/-той 뒤에는 재귀어미가 오지 않는다.

(4) Би аавтайгаа кино үзэхээр явлаа.
비 아브타이가: 키노 우제헤:르 야브라:
(O) 나는 (나의) 아버지와 함께 영화(를) 보러 갔다.
(5) Туяа ангийнхантайгаа үдэшлэгт явна.
토야 앙깅항타이가: 우데시레그트 야브나
(O) 토야는 (자신의) 학과 학생들과 같이 파티에 갈 것이다.

## 8. 방향격 'руу/рүү, луу/лүү'

방향격어미는 모든 명사 뒤에 올 수 있으며 재귀격 어미를 취할 수 있다.

(1) Маргааш бид сургууль руугаа явна.
마르가:시 비드 소르골: 로:가: 야브나
내일 우리는 (우리가 다니는) 학교로 갈 것이다.
(2) Манай ангийнхан Батын гэр луу нь очсон.
마나이 앙깅항 바팅 게르룬: 어치성
우리 학과 학생들은 바트의 집으로 갔다.

# 3장 명사의 복수 어미와 동사의 복수 어미 (олон тооны нөхцөл)

몽골어는 명사와 동사에서 복수어미를 갖는다. 아래와 같이 복수 어미들을 명사 단수 어간에 연결하여 만든다.

1. -д (주로 사람을 가리키는 대명사나 동물 이름에 사용한다)

    (1) Манай анги хөвгүүд(охид) олонтой.
        마나이 앙기 호우구드(어히드) 올롱터이
        우리 학과는 남(여) 학생들이 많다.
    (2) Энэ жилийн наадамд олон морьд уралдахнээ.
        엔 질링 나:담드 올롱 머리드 오랄다흐네
        올 해 나담 축제에 많은 말들이 참가하겠구나.

2. -с (대부분의 명사 뒤에 붙는다)

    (1) Бүртгүүлсэн оюутны нэрс 100 гарчээ.
        부르트굴:셍 어요트니 네르스 조: 가르체
        등록한 학생의 명단이 백 명이 넘었다.
    (2) Өнөөдөр сургууль дээр хүмүүс их цугларчээ.
        오노:드르 소르골: 데:르 후무스 이흐 초글라르체
        오늘 학교에 사람들이 많이 모였다.

(메모) 몽골어 хүн(사람)이라는 단어의 복수어미는 왜 хүмүүс가 됩니까라고 학생들이 꽤 많이 묻는다. Хүн의 고대 형태는 хүмүүн이었으며 복수 어미를 붙일 때 어말 -н이 탈락되어 хүмүүс가 된 것이다. 몽골어 명사에서 -н으로 끝나는 단어에 복수어미를 연결할 때 -н이 탈락하는 규칙이 있다. 예를 들어, өвгөн(할아버지) + д > өвгөд(할아버지), эмгэн(할머니) + д > эмгэд(할머니들), хөгшин(어른) + д > хөгшид(어른들)의

경우이다. 이들 단어에서 -н을 생략하지 않고 쓰면 여처격어미 -д의 의미를 나타낸다.

(3) a. Өвгөд эртний үг хэлэлцэнэ.
오브고드 에르트니 우그 헬렐첸
할아버지들이 옛날 이야기들을 하고 계신다.
b. Өвгөнд дамжуулж хэлээрэй.
오브공드 담졸:지 헬레레이
할아버지에게 말씀을 전해 주세요.

3. -чууд, -чүүд, -чуул, -чүүл (사람을 가리키는 대명사에 연결한다)

(1) Манай компанийн залуучуудын 60 хувь нь эрэгтэйчүүд юм.
마나이 캄파닝 잘로:초딩 자릉 호빈 에레그테이츄드 움
우리 회사의 젊은 사람 중 60퍼센트는 남자들이다.
(2) Дайнд оролцож явсан өвөгчүүлийн яриа маш сонирхолтой.
다잉드 어럴처지 야브상 오워그출:링 야(예)리아 마쉬 서니르헐터이
전쟁에 참여했던 할아버지들의 이야기는 매우 흥미롭다.

4. -нар (흔히 인명이나 친척 관계를 가리키는 경우에 많이 사용한다. 또한 직업을 가리키는 명사 뒤에 사용한다)

(1) Өнөөдөр Бат, Туяа, Уянгаа нар илтгэл тавина.
오노드르 바트, 토야, 오양가: 나르 일트겔 타비나
오늘은 바트와 토야 그리고 오양가가 발표를 할 것이다.
(2) Манай ах дүү нар дотор багш нар, эмч наролон бий.
마나이 아흐 두 나르 도토르 박쉬 나르, 엠치 나르 올롱 비
우리 친척 중에 교수들과 의사 선생님들이 많다.

5. -ууд/-үүд, -нууд/-нүүд(위에 언급한 경우를 제외한 겨의 모든 명사에서 사용한다. -нууд/-нүүд는 장모음이나 이중모음으로 끝나는 단어 어간에 연결하고, -ууд/-үүд는 단모음이나 자음으로 끝나는 어간에 연결하여 사용한다)

문법

(1) Энэ зураг дээрх гэрүүд бол монгол үндэсний орон сууц юм.
엔 조라그 데:르흐 게루:드 볼 몽골 운데스니 어렁 소츠 윰
이 그림에 있는 게르들은 몽골 전통 집이다.

(2) Энэ дуунуудыг хэн дуулдаг вэ?
엔 도:노:디그 헹 돌:다그 웨
이 노래들을 누가 부릅니까?

[메모] 몽골어에서 2 이상의 숫자나 '다수'의 의미를 갖는 단어가 명사 앞에 올 경우 복수 어미를 취하지 않는다.

(1) 교실에 학생들이 10명이 있다.
  (O) Ангид арван оюутан байна.
  앙기드 아르방 어요탕 바인
  (X) Ангид арван оюутанууд байна.

(2) 나에게 많은 책이 있다.
  (O) Надад олон ном бий.
  나다드 올롱 넘 비
  (X) Надад олон номууд бий.

6. -цгаа4 (몽골어에서는 명사의 뒤에 붙는 복수어미 뿐만 아니라 동사의 어간에 붙어 특정행위에 다수의 행위자가 참여함을 나타내는 -цгаа4 접사 또한 복수의 의미를 나타낸다)

(1) Сайн байцгаана уу?
  사인 바이츠갸:노:

안녕들 하세요?
(2) Хоолоо идэцгээе.
헐러 이데:츠게:예(이)
밥들 먹자.

## 4장 수사(Тооны нэр)

몽골어 수사는 기본 수사에 -дугаар/-дүгээр, -дах/-дэх(...번째/...째)와 같은 어미들을 연결하여 숫자의 순서를 나타내는 다양한 서수사를 만든다.

| ...째 | ...번째 |
|---|---|
| Нэг дэх[네그 데흐] | Нэгдүгээр[네그두게르] |
| Хоёр дах[허여르 다흐] | Хоёрдугаар[허여르도가르] |
| Гурав дах[고라브 다흐] | Гуравдугаар[고라브도가르] |
| Дөрөв дэх[도로브 데흐] | Дөрөвдүгээр[도로브두게르] |
| Тав дах[타브 다흐] | Тавдугаар[타브도가르] |
| Зургаа дах[조라그 다흐] | Зургаадугаар[조르가도가르] |
| Долоо дах[덜러 다흐] | Долоодугаар[덜러도가르] |
| Найм дах[나임 다흐] | Наймдугаар[나임도가르] |
| Ес дэх[유스 데흐] | Есдүгээр[유스두게르] |
| Арав дах[아라브 다흐] | Аравдугаар[아라브도가르] |

한편으로 외국인 학습자들의 경우 모음조화 규칙에 따라 위의 어미들을 연결하면 되는 서수사와는 달리 연월일과 시각을 몽골어로 옮길 때가 의외로 어렵다고 토로한다. 왜냐하면 몽골어의 기본 수사는 모두 고대몽골어에 -n로 끝나는 단어들이었으며, 현대몽골어에서 한정어(тодотгол)로 사용

할 때 숨은 -n이 대부분의 경우 나타나기 때문이다. 한편으론 일부 수사의 경우 숨은 -n이 나타나지 않은 경우도 있으므로 유의해서 옮겨야 한다.

### 1. 시간을 말할 때

цаг[차그] (시), минут[미노트](분)

| | |
|---|---|
| 1시: Нэг цаг | 1분: Нэг минут |
| 2시: Хоёр цаг | 2분: Хоёр минут |
| 3시: Гурван цаг | 3분: Гурван минут |
| 4시: Дөрвөн цаг | 4분: Дөрвөн минут |
| 5시: Таван цаг | 5분: Таван минут |
| 6시: Зургаан цаг | 6분: Зургаан минут |
| 7시: Долоон цаг | 11분: Арван нэгэн минут |
| 8시: Найман цаг | 22분: Хорин хоёр минут |
| 9시: Есөн цаг | 33분: Гучин гурван минут |
| 10시: Арван цаг | 44분: Дөчин дөрвөн минут |
| 11시: Арван нэгэн цаг | 55분: Тавин таван минут |
| 12시: Арван хоёр цаг | 60분: Жаран минут |

(메모) 시간을 말 할 때, 일반적으로 수사 1과 2에서는 숨은 -n이 나타나지 않는다. 다만 수사 11의 경우에서는 숨은 -n이 나타나고, 12에서는 숨은 -n이 나타나지 않는다.

년월일을 말할 때

  2001 оны 2 сарын 2
  Хоёр мянга нэг оны хоёр сарын хоёрон
  허여르 먕가 네그 어니 허여르 사링 허여렁
  1992 оны 1 сарын 1
  Мянга есөн зуун ерэн хоёр оны нэг сарын нэгэн

먕가 유승 종: 예렝 허여르 어니 사링 네겡
2011 оны 2 сарын 31
Хоёр мянга арван нэгэн оны хоёр сарын гучин нэгэн
허여르 먕가 아르방 네겡 어니 허여르 사링 고칭 네겡

(메모) 년과 월을 말할 때 1과 2의 경우는 숨은 -n이 나타나지 않으며, 일(日)로 끝나는 문장에는 숨은 -n이 나타난다. 또한 월(月) 앞에 дугаар/дүгээр(번째)을 붙일 때 수사는 숨은 -n을 취하지 않는다. 이를 정리하면 다음과 같다.

Өнөөдөр нэгдүгээр сарын нэгэн.
오노드르 네그두게르 사링 네겡
오늘은 1월 1일이다.
Миний төрсөн өдөр хоёрдугаар сарын гурванд болдог.
미니 토르승 으드르 허여르도가르 사링 고르방드 벌더그
내 생일은 2월 3일이다.

## 5장 의문대명사 (Асуух төлөөний үг)

몽골어 의문대명사는 хэн[헹](누구), юу[유](무엇), аль[아일](어느(것)), ямар[야마르](어떤), хэр[헤르](얼마나), хэд[헤드](얼마, 몇), хэчнээн[헤치넹](얼마나), хэзээ[헤제](언제), хэдийд[헤디드](언제쯤), хаана[한:](어디), хааш[하:쉬](어디로), ях[야흐](어떻게) 등이 있다. 이 중에서 『я-』와 『хаа-』는 아래 예문에서 보듯이 문장에서 동사의 어간으로 쓰일 수도 있고 또는 동사처럼 활용되기도 한다.

미래 시제에서
 (1) Туяагийн өгсөн номыг яах вэ?

토야깅 오그승 너미그 야흐 웨
토야가 준 책을 어떻게 할까?
(2) Хоёулаа бүтэн сайнд хаачих вэ?
허욜라 부텡 사인드 하:치흐 웨
우리 주말에 어디로 갈까?

(메모) 위의 예문에서와 같이 두 의문대명사는 미래 시제로 사용할 때 -x를 취한다. 아울러 2인칭, 3인칭에서 -x를 취하는 『яах』·『хаачих』과 함께 동사 гэж бай-를 보조동사로 쓸 수 있으며, 또한 гэж бай- 어간에 동사 어미들을 취할 수 있다. 하지만 이를 1인칭에 쓰면 틀린 문장이 되고 만다. 이를 예문을 들어 비교해 보면 다음과 같다.

(3) 너는 토야가 준 책을 어떻게 할거니?
 (O) Чи Туяагийн өгсөн номыг яах гэж байна вэ?
 치 토야깅 오그승 너미그 야흐—게지 바인 웨
 (X) Би Туяагийн өгсөн номыг яах гэж байна вэ?

(메모) 한편 『яах』·Е『хаачих』는 гэж бай-를 취할 때를 제외하곤 다른 동사와 연결할 때 의문대명사의 기본 기능을 갖는다.

(4) Энэ хэрэг яах болсон бэ?
 엔 헤레그 야흐 벌승 베
 이 일이 어떻게 된 겁니까?
(5) Чи хаачихаар явах бэ?
 치 하:치하:르 야아흐 웨
 너는 어디로 갈 거니?

현재 시제에서
(1) Таны бие яаж байна?

(2) 타니 비예 야지 바인
몸은 어떠세요?

(2) Туяа хаачиж байна гэнэ?
토야 하:치지 바인 게네
토야는 어디로 간다고 하니?

# 6장  부동사 연결어미 (Тодотгон холбох нөхцөл)

## 1. 대등연결어미 『-ч/-ж, -н』

동사어간에 대등연결어미 -ч/-ж, -н을 연결하여 시간의 앞뒤 순서 또는 행동이나 사실이 동시에 일어남을 가리킬 때 사용한다. -ж는 어간이 모음이나 в, г, р, с 이외의 자음으로 끝나는 단어 뒤에 접속한다. -ч는 어간이 자음 в, г, р, с로 끝나는 단어 뒤에 접속한다.

(1) Би хоол хийж дүү гэрээ цэвэрлэв.
비 헐: 히지 두: 게레: 체웨를레브
내가 밥을 하고 동생이 청소 했다.
(2) Би хичээлээ явж Туяа номын сан явав.
비 히첼:레: 야브지 토야 너밍 상 야와브
나는 학교로 가고 토야는 도서관으로 갔다.

(메모) 병렬연결어미 -ч/-ж는 대등복합문에서 자연스럽게 동사와 동사를 연결하며 한국어의 '고'에 대응된다. 하지만 공동연결어미 -н은 대등복합문에서는 거의 쓰지 않고 주로 보조동사와 본동사를 연결할 때 많이 쓴다.

(1) Тэр гэрийн зүг алхан одов.
테르 게링 주그 알항 얼러브
그는 집 쪽으로 걸어서 갔다.

(2) Би Туяаг иртэл ном уншин сууж байлаа.
비 토야그 이르텔 넘 옹쉥 소지 바일라
나는 토야가 올 때까지 책을 읽고 있었다,

## 2. 선행연결어미 『-аад4』

동사어간에 선행연결어미 -аад4를 연결하면 하나의 동작이 끝나고 그 뒤에 또 다른 동작이 일어남을 나타낸다.

(1) Хичээл эхлээд 10 минут болж байна.
히첼: 에흘레드 아르방 미노트 벌지 바인
수업 시작한지 10분 되었다.

(2) Солонго маргааш яваад сарын дараа буцаж ирнэ.
솔롱고 마르가:시 야와드 사링 다라: 보차지 이르네
솔롱고가 내일 가서 한 달 후에 돌아올 것이다.

## 3. 양보연결어미 『-вч』

동사의 어간에 양보연결어미 -вч를 연결하여 앞의 동작이나 행위에 대해 다음의 동작이나 행위가 상반되거나 일정한 결과가 일어나지 못함을 나타낸다. 한국어의 '-아/어도', '-더라도', '(으)ㄹ지라'도', '-지만'에 대응된다.

(1) Би ном уншиx дуртай боловч номын сан руу цөөхөн явдаг.
비 넘 옹시지 도르타이 벌러브치 너밍 상 로 초:흥 야브다그
내가 책을 읽는 것은 좋아하지만 도서관으로 자주 가지는 못한다.

(2) Туяа мундаг оюутан байсан боловч шалгалтандаа унаичихсан.
토야 몬다그 어요탕 바이승 벌러브치 샬갈탕다: 옹치흐상
토야가 대단한 학생이었지만 시험에는 떨어졌다.

(메모) 몽골어의 양보연결어미 -вч는 문장에서 강조첨사(Туслах үг) 'ч'

와 바꿔 써도 동일한 의미를 나타낸다.

(1) Би хичээлээ хийсэн боловч сайн ойлгосонгүй.
비 히첼:레 히승 벌러브치 사인 어일거승구이
Би хичээлээ хийсэн ч сайн ойлгосонгүй.
비 히첼:레 히승 치 사인 어일거승구이
나는 공부를 했지만 이해를 하지 못 했다.

(2) Туяа сургуульдаа очсон боловч хэн ч байсангүй.
토야 소르골:다: 어치승 벌러브치 헹 치 바이승구이
Туяа сургуульдаа очсон ч хэн ч байсангүй.
토야 소르골:다: 어치승 치 헹 치 바이승구이
토야가 학교에 갔지만 아무도 없었다.

## 4. 부정연결어미 『-лгүй』

동사 어간에 부정연결어미 -лгүй를 붙여서 부정의 의미를 나타낸다. 한국어의 '-지 않고', '-지 말고'에 대응된다.

(1) Чи явалгүй намайг хүлээж байгаарай.
치 야왈구이 나마이그 훌레:즈 ㅣ 바이갸:라이
넌 가지 말고 나를 기다리고 있어.

(2) Дарга энд гарын үсэг зуралгүй явчихчээ.
다르가 엔드 가링 우세그 조랄구이 야브치흐제
사장님이 여기에 사인 하지 않고 가 버렸네.

## 5. 지속연결어미 『-caap』

동사어간에 지속연결어미 『-caap』를 접속하여 어떤 동작이나 행위가 계속 됨을 나타낸다.

(1) Багш хичээлээ заасаар байна.
    박쉬 히첼:레 자:사:르 바인
    교수님이 강의를 계속 하고 계신다.
(2) Туяа хичээлээ хийсээр Бат зураг үзсээр байлаа.
    토야 히첼:레: 히:세:르 바트 조라그 우즈세:르 바일라
    토야는 공부를 계속 하고 있고, 바트는 TV를 계속 보고 있었다.

6. 조건연결어미 『-баас4/-ваас4, -бал4/-вал4』

조건연결어미 -баас4/-ваас4, -бал4/-вал4는 한국어의 '-(으)면', '-(으)ㄴ다면', '-거든'에 대응된다. -баас4/-ваас4는 문어에서 나타나며 문서, 추천서 등에 주로 많이 쓰인다.

(1) Асуудал гарвал над руу яриарай.
    아소:달 가르발 나드 로 야(예)리아라이
    문제가 생기면 나에게 연락하십시오.
(2) Хичээлээ сайн хийвэл манлайлагч болж чадна.
    히첼:레 사인 히블 망라이라그치 벌지 차든
    공부를 잘 하면 일등이 될 수 있다.

또한 부정의 의미를 나타낼 때 -хгүй бол로 변화한다.

(1) Би Монголд очихгүй бол чамд захиа явуулна.
    비 몽골드 어치흐구이 볼 참드 자히아 야올나
    내가 몽골에 못 가면 너한테 편지를 보낼 것이다.
(3) Чи энэ номыг уншихгүй бол би уншиж байх уу?
    치 엔 너미그 옹시흐구이 볼 비 옹시지 바이호
    네가 이 책을 읽지 않는다면 내가 읽고 있을까?

## 7. 즉시연결언미 『-магц』와 순차연결어미 『-нгуут』

동사어간에 『-магц』과 『-нгуут』를 접속하여 어떤 동작이나 행위가 일어남과 동시에 바로 다음 동작이나 행위가 순차적으로 발생함을 나타낸다.

(1) 아버지가 신문을 읽자 마자 바로 밖으로 나가셨다.
    (=) Аав сонин уншиж дуусмагцаа гадагшаа гарсан.
    아아브 서닝 옹시지 도:스마그차 가다그샤: 가르상
    (=) Аав сонин уншиж дуусангуутаа гадагшаа гарсан.
    아아브 서닝 옹시지 도:승고:타 가다그샤: 가르상
(2) 수업이 끝나자 마자 도서관으로 갈 것이다.
    (=) Хичээл дуусмагц номын сан руу явна.
    히첼: 도:스마그츠 너밍 상 로 야브나
    (=) Хичээл дуусангуут номын сан руу явна.
    히첼: 도:승고:트 너밍 상 로 야브나

## 8. 기회연결어미 『-нгаа』

동사어간에 기회연결어미 『-нгаа』를 연결하여 해당어미를 갖는 선행동사의 동작이 행해지는 기회에 후행동사의 동작도 함께 발생함을 가리킨다. 한국어의 '-(으)면서', '-는 김에'에 대응된다.

(1) Би хичээлээ хийнгээ хөгжим сонсож байна.
    비 히첼:레: 힝게: 호그짐 성서지 바인
    나는 공부 하면서 음악을 듣고 있다.
(2) Аав хоолоо идэнгээ сонин уншиж байна.
    아아브 헐:러: 이뎅게 서닝 옹시지 바인
    아버지는 아침을 드시면서 신문을 읽고 있다.

### 9. 한계연결어미 『-тал』

한계연결어미 『-тал』은 어떤 일이나 행동을 하려고 할 때 생각지 않은 다른 뜻밖의 일이 생길 경우 주로 사용된다.

(1) Сургууль руу очтол олон хүн цугларсан байв.
    소르골: 로 어치틀 올롱 훙 초그라르상 바인
    학교로 갔더니 사람들이 많이 모여 있었다.
(2) Орой хамт хоол идье гэтэл ажил гарчлаа.
    어러이 함트 헐: 이디에 게텔 아질 가르치라
    저녁 같이 먹자고 했더니 일이 생겼네.

(메모) 또한 『-тал』은 '-ㄹ 때까지' 또는 '-까지'의 뜻을 나타내는 의미를 갖기도 한다.

(3) Танай гэр хүртэл хэр удах вэ?
    타나이 게르 후르텔 헤르 오다흐 웨
    너희 집까지 얼마나 걸리니?
(2) Нутагтаа очтол 1 сар дутуу байна.
    노타그타: 어치틀 네그 사르 도토 바인
    고향에 갈 때까지 약 한 달 남았네.

### 10. 목적연결어미 『-хаар, -хлаар』

목적연결어미 -хаар는 선행동사의 의도나 목적으로 인해 후행동사의 목적이 발생한다는 의미를 갖는다. 한국어의 '(으)러', '-(ㅇ)려고'에 대응된다.

(1) Би монгол хэл сурахаар Улаанбаатар явна.
    비 몽골 헬 소라하:르 올랑:바:타르 야브나

나는 몽골어를 배우러 울란바타르로 갈 것이다.
(2) Найз маань хоол идэхээр гарсан.
　　 나이즈 만: 헐: 이데헤:르 가르상
　　 내 친구가 밥을 먹으러 밖에 나갔다.

(주의할 점) 외국인 학습자들이 몽골어를 배울 때 목적연결어미 -хаар와 후속연결어미 -хлаар를 종종 구분 못하는 경우가 많다. -хлаар는 선행동사의 동작 발생에 따라 후행동사의 동작이 뒤이어 발생함을 나타내며 한국어의 '-(으)ㄴ 후에'에 대응시킬 수 있다.

(1) Чамайг ирэхлээр хамт явцгааяа.
　　 차마이그 이레흐레르 함트 야브츠가:야
　　 네가 오면 같이 가도록 하자.
(1) Дуу сонсохлоор сэтгэл сайхан болдог.
　　 도: 성서흐로:르 세트겔 사인 벌더그
　　 노래를 듣고 있으면 기분이 좋아진다.

11. 형동사형어미『-маар』

동사어간에 형동사형어미 -маар4를 접속시켜 주로 희망과 바람을 나타낸다. -маар는 항상 동사 'байх, болох'와 같이 짝을 이루어 쓰이며, 명사 앞에 올 때는 수식어의 기능을 갖는다.

(1) a. Би ном уншмаар байна.
　　　 비 넘 옹쉬마:르 바인
　　　 내가 책을 읽고 싶다.
　　 b. Тэр уншмаар ном байна.
　　　 테르 옹쉬마:르 넘 바인
　　　 그 책은 읽고 싶은 책이다.
(2) a. Бид хамтдаа баймаар байна.

비드 함트다 바이마:르 바인
우리는 같이 지내고(있고) 싶다.
b. Бид бол үргэлж хамтдаа баймаар найзууд.
비드 볼 우르겔지 함트다: 바이마:르 바인
우리는 영원히 같이 있고 싶은 친구들이다.

# 7장 동사 시제어미 (үйл үгийн цагийн нөхцөл)

몽골어의 동사의 시제어미는 서술어의 끝부분에 결합하여 문장을 끝맺는 기능을 수행하는 문법형태다. 동사 시제의 경우 일반적으로 몽골어를 배우는 외국인 학습자들은 과거 시제 -лаа4, -сан4, -в 어미와 현재시제 -ж байна, 그리고 미래 시제 -на4를 구분 못 하는 경우들이 많다.
현대몽골어의 과거 시제어미는 -сан4 (직접 인식한 과거), -лаа4(직접 인식한 가까운 과거), -в(직접 인식한 먼 과거)로 분류할 수 있다. -сан4은 화자 스스로가 직접 목적한 행위를 나타내는 과거시제어미이며, -лаа4는 화자가 직접 목격한 행위를 나타내는 가까운 과거시제어미이다. 한편, 가까운 미래시제로도 쓰인다. -в는 구어에서는 평서문에서 거의 사용하지 않으며 의문문에만 남아있는 과거시제어미이다.

(1) Бат Туяад шинэ ном ирсэн тухай хэлсэн.
바트 토야드 신 넘 이르셍 토하이 헬셍
바트는 토야에게 새 책이 온 것에 대해서 말을 했었다.
(2) Бат Туяад шинэ ном ирсэн тухай хэллээ.
바드 도야드 신 넘 이르셍 토하이 헬레
바트는 토야에게 새 책이 온 것에 대해서 말했다.
(3) Бат Туяад шинэ ном ирсэн тухай хэлэв.
바트 토야드 신 넘 이르셍 토하이 헬레브
바트는 토야에게 새 책이 온 것에 대해시 빙금 말했나.

(메모) 위의 예문에서 과거시제어미 각각의 형태는 과거시제를 나타냄과 아울러 '완료'라는 상의 의미를 나타냄으로써 여타의 다른 어미들과 달리 '시제-상' 의미로서의 차이를 갖는다. 하지만 다음과 같은 경우는 -сан4 대신에 -лаа4와 -в를 대체하여 쓸 수 없다.

(1) 나는 1980년 1월에 태어났다.
　　(O) Би 1980 оны 1 сард төрсөн.
　**비 망가 유승 종: 나잉 어니 네그 사르드 토르승**
　　(X) Би 1980 оны 1 сард төрөв.
　　(X) Би 1980 оны 1 сард төрлөө.
(2) 볼드가 몽골에 갔습니까? - 갔었다.
　　(O) Болд Монгол явсан уу? - Явсан.
　**볼드 몽골 야브사노　　야브상**
　　(X) Болд Монгол явав уу? - Явав.
　　(X) Болд Монгол явлаа юу? - Явлаа.

그러나 위의 문장에서 해당어미가 과거시제를 나타냄과 아울러 '직접인식 가까운 과거(근접과거)'라는 기본의미를 나타내는 경우에는 -лаа를 사용할 수 있다. 예를 들면:

　　볼드가 방금 몽골로 갔니?　-방금 갔어.
　　(O) Болд Монгол явлаа юу? - Явлаа.
　**볼드 몽골 야브라 유　　야브라**

(주의할 점) -лаа는 어떤 경우에 문맥에 따라 아주 가까운 미래 시재(근접미래)를 나타내기도 한다. 이 경우에는 현재 또는 곧 수행하려고 하는 행위를 분명하게 인식하게 하는 의미를 나타냄으로써 의미상으로는 미래 시제처럼 보이지만 형태상으로는 과거시제를 취하게 된다. 예를 들면:

(1) Би Монгол явлаа.
비 몽골 야브라
나는 지금(곧) 몽골에 갈 것이다.

(2) Чи юу хийх гэж байна - Би ном уншлаа.
치 유 히흐—게지 바인 - 비 넘 옹쉬라
너는 뭐 하려고 하니? - 나는 책을 읽을거야.

(3) Бат одоо хичээлээ хийлээ гэнээ.
바트 오도 히첼레 히레: 게네
바트는 이제서야 공부한다고 한다.

## 과거시제의 부정형(үгүйсгэх хэлбэр)

과거 시제어미는 동사 어간에 -аагүй4를 취하거나 과거 시제어미 -сан4에 -гүй를 덧붙여 과거시제 부정의 의미를 나타낸다. 몽골어 과거시제의 부정형은 한국어의 부정법인 단형부정 '못', '안'과 장형부정의 '지 않다'로 옮길 수 있다.

(1) Би өчигдөр гэрийн даалгавраа хийж амжаагүй.
비 오치그드르 게링 달:가와라 히지 암자:구이
나는 어제 숙제를 못 했다.

(2) Ангид хүн байсангүй.
앙기드 훙 바이상구이
교실에 사람이 없었다.

## 현재시제어미 -ж байна과 미래시제어미 -на4

동사 어간에 현재를 나타내는 동사종결어미 -ж байна을 연결하여 현재시제를 나타내고, 미래를 나타내는 동사 종결어미 -на4를 연결하여 미래시제를 나타낸다.

(1) Ээж дэлгүүр явж байна.
    에에지 델구:르 야브지 바인
    어머니가 백화점으로 가고 있다.
(2) Ээж дэлгүүр явна.
    에에지 델구:르 야브나
    어머니는 백화점에 갈 것이다.

현재시제어미와 미래시제어미의 부정

현재시제 부정은 -аагүй4 байна/-хгүй байна를, 미래시제의 부정 어미는 -хгүй4를 취한다.

1. (a) Туяа гэрээсээ гараагүй байна.
       토야 게레:세: 가라:구이 바인
       토야는 집에서 나가지 않고 있다.
   (b) Туяа гэрээсээ гарахгүй байна.
       토야 게레:세: 가라흐구이 바인
       토야가 집에서 나가지 않고 있다.
   (c) Туяа гэрээсээ гарахгүй.
       토야 게레:세: 가라흐구이
       토야는 집에서 나가지 않을 것이다.

(메모) 현재시제 부정법은 과거와 미래시제의 부정 형태 둘 다 쓸 수 있으며, -аагүй4 байна는 '아직 ~지 않고 있다'와 -хгүй байна에서는 '~ 안하고 있다'의 의미를 각각 가리킨다.

# 8장 동사태(사동태와 공동/상호태) (хэв)

사동태어미(Үйлдүүлэх хэв) -уул2/-га4/-аа4

일반적으로 몽골어 동사들은 -уул2/-га4/-аа4 등의 사동태어미를 취하여 타동사를 형성한다. 즉, 문장에서 주어는 항상 대격어미(-ыг/-ийг/-г)나 대격어미의 형태로 나타난다. 또한 격어미 -аар4를 취할 수 있다.

(1) a. Би захиа бичсэн.
   비 자히아 비치셍
   나는 편지 썼다.
   b. Би захиа(г) бичүүлсэн.
   비 자히아(그) 비출:셍
   내가 편지를 쓰게 했다.
(2) a. Би Болдтой уулзсан.
   비 볼드터이 오올즈상
   나는 볼드와 만났다.
   b. Би Болдыг Туяатай уулзуулсан.
   비 볼디그 토야타이 오올조ㄹ:상
   나는 볼드를 토야와 만나게 했다.

동사 어간에 -уул2/-га4/-аа4어미를 취하여 행위주가 직접 하는 행동이 아닌 다른 동작자에게 어떤 동작을 하게 만드는 것으로 '~게 하다'라는 작용을 나타낸다.

(메모) -уул2어미는 주로 단모음이나 자음으로 끝나는 단어에 취하며 -га4는 자음 р, л, д(т), с로 끝나는 단어에, -аа4는 자음으로 끝나는 단어(고전몽골어의 단모음으로 끝나는 단어들)에 취한다. 이밖에도 장모음이나 이중모음으로 끝나는 단어에 취하는 -лга4형태가 있다. 예를 들면:

(1) a. Би өнөөдөр гэртээ байсан.
   비 오노:드르 게르테 바이상
   나는 오늘 집에 있었다.

b. Би өнөөдөр Батыг гэртээ байлгасан.
     비 오노:드르 바티그 게르테 바일가상
     나는 오늘 바트를 집에 있게 했다.
(2) a. Багш хичээл зааж байна.
     박쉬 히첼: 자:지 바인
     교수님이 수업을 가르치고 있다.
  b. Багшаар хичээл заалгаж байна.
     박샤:르 히첼: 잘가지 바인
     교수님으로 강의를 하게 했다.

## 공동태/상호태 -лд/-лц

두 가지 이상의 행위를 나타날 때 동사 어간에 -лд/-лц를 취하며 이때는 주어가 복수의 의미를 갖는다.

(1) a. Бат ярьж байна.
     바트 에(야)리지 바인
     바트가 이야기 하고 있다.
  b. Бат Туяа хоёр ярилцаж байна.
     바트 토야 허여르 예릴차지 바인
     바트와 토야 둘이서 이야기를 나누고 있다.
(2) a. Ангид хүн инээж байсан.
     앙기드 훙 이네:지 바이상
     교실에 사람이 웃고 있었다.
  b. Ангид олон хүн инээлдэж байсан.
     앙긷, 올롱 훙 이넬:데지 바이상
     교실에 여러 사람이 웃고 있었다.

## -уул2 + -га4 와 -уул2 + -уул2 반복형

몽골어의 독특한 하나의 특징이라고 할 수 있는 것은 동사태가 반복해서 나타나는 문법형태이다.

(1) a. Тэнд цаас шатаж байна.
   텐드 차:스 샤타지 바인
   저기에 종이가 불타고 있다.
   b. Тэнд цаас шатааж байна.
   텐드 차:스 샤타:지 바인
   저기에 종이를 불타게 하고 있다.
   c. Тэнд цаас шатаалгуулж байна.
   텐드 차:스 샤탈·골지 바인
   저기에 종이를 불 타게 하도록 (어떤 사람한테) 시키고 있다.
(2) a. Оюутан илтгэл тавьсан.
   어요탕 일트겔 타비상
   학생이 논문을 발표했다.
   b. Багш оюутнаар илтгэл тавиулсан.
   박쉬 어요트나:르 일트겔 타비올상
   교수님이 학생에게(으로 하여금) 논문을 발표하게 했다.
   c. Багш оюутнаар илтгэл тавиулуулсан.
   박쉬 어요트나:르 일트겔 타비올롤:상
   교수님이 학생에게(으로 하여금) 논문을 발표토록 하였다.

(메모) 위에서 보듯이 능동태(өөрөө үйлдэх хэв)어미를 갖는 문장은 동사에 대한 동작의 주체가 스스로 한 일을 나타내는데 반해, 사동태(үйлд үүлэх хэв)는 일반적으로 주어 자리의 동작자가 딴 동작자에게 어떤 동작을 하게 만드는 것으로 '~게 하다'라는 작용을 가리킨다. 그리고 동사태의 반복형은 다른 동작자에게 행위를 하게 만드는 것이나 제3자에게 어떤 동작을 하게 한 것을 보여주거나 나타낸다.

# 9장 의문첨사 (Асуух сул үг)

『бэ, вэ』・『уу, үү, юу, юү』

몽골어 의문첨사의 형태는 한국어에 비해 비교적 많은 관계로 외국인 학습자들이 몽골어로 옮길 때 꽤 까다롭게 여기는 부분이다. 몽골어 의문문은 бэ, вэ, уу, үү, юу, юү 등의 첨사로 끝나며, 의문대명사인 хэн(누구), хаана(어디에), юу(무엇), аль(어느), хэд(몇), хэчнээн(얼마나), ямар(어떤) 등이 있는 의문문의 경우 бэ, вэ를, 의문대명사가 없는 경우 уу, үү, юу, юү를 사용한다.

(1) Чи аль нутгийнх вэ?
　　치 아일 노트깅흐 웨
　　당신은 고향이 어디십니까(어느 지역의 사람입니까)?
(2) Хэн хэн Монгол руу явсан бэ?
　　헹 헹 몽골 로 야브상 베
　　누구 누구가 몽골로 갔습니까?

(문법) уу/үү를 단모음이나 자음으로 끝나는 단에 뒤에, юу/юү는 장모음이나 이중모음으로 끝나는 단어 뒤에 사용한다. 예를 들어,

(1) 토야: Чамайг багш дуудаж байна.
　　차마이그 박쉬 도:다지 바인
　　너를 선생님이 찾으신다.
　토올: Намайг уу?
　　나마이고
　　나를?
(2) 토야: Болдоо, Оюунаа чамтай хичээл хийе гэнэ.
　　벌더, 어유나 참타이 히첼: 히이(예) 게네
　　볼도! 오유나 가 너와 같이 공부하제.

볼드: Надтай юу?
나드타이 유
나와?

(메모) 아래와 같이 의문대명사 + бэ, вэ와 уу, үү, юу, юү를 한 문장 안에서 같이 쓰면 의미가 아주 달라진다.

(1) a. Энэ ном ямар үнэтэй вэ?
엔 넘 야마르 운테이 웨
이 책은 얼마입니까?
b. Энэ ном үнэтэй юу?
엔 넘 운테이 유
이 책은 비쌉니까?
(2) a. Тантай сая уулзаж байсан тэр хүн хэн бэ?
탄타이 사이 오올자지 바이상 테르 훙 헹 베
방금 당신과 만났던 사람은 누구입니까?
b. Тантай сая уулзаж байсан хүн Бат уу?
탄타이 사이 오올자지 바이상 훙 바토
방금 당신과 만났던 사람이 바트입니까?

(메모) 한편 구어체에서는 의문대명사와 의문첨사를 사용하지 않은 의문문도 있으며 이는 문맥에서 파악된다.

(1) Бат: Чи өнөөдрийн хичээлийг хийсэн үү?
치 오노:드르 히첼:리그 히스누
너 오늘 수업 들었니?
Туяа: Хийсэн. Харин чи?
히셍. 하링 치
들있어, 너는?

(2) Багш: Энэ дасгалыг гэртээ хийцгээгээрэй, Ойлгосоон?
엔 다스갈리그 게르테 히츠게:게:레이. 어일거성
이 연습문제를 숙제로 하세요, 알겠죠?
Оюутнууд: За
자
네.

# 10장 후치사 (Дагалдавар үг)

『учраас, учир』

몽골어의 명사나 동사 등의 주성분 뒤에 들어가 선행어를 후행어에 종속 연결하는 종속연결어를 후치사라 한다.『учраас, учир』는 동작이나 행위의 원인과 이유를 나타낸다.

(1) Туяа хичээлээ сайн ойлгоогүй учраас Бат түүнд тайлбарлаж өгөв.
토야 히첼:레: 사인 어일거:구이 오치라:스 바트 툰드 타일바르르지 오고브
토야가 공부를 잘 이해하지 못 해서 바트가 그에게 설명해 주었다.

(2) Хурлын дарга ирээгүй учир хурлаа хойшлуулсан.
호를링 다르그 이레:구이 오치르 호를라 허이시롤:상
회장이 안 와서 학술회의를 다음으로 연기 했다.

(메모)『учраас, учир』과 같은 의미를 나타내 주는『тул』도 있다.

(3) Дарга ир гэсэн тул ажил руугаа явж байна.
다르그 이르 게셍 톨 아질 로:가: 야브지 바인
사장님이 오라 해서 회사로 나가고 있다.

(4) Өнөөдөр хүйтэрнэ гэж зарласан тул дулаан хувцаслаарай.
오노:드르 후이테른 게지 자를라상 톨 돌랑: 호브차스라:라이
오늘 날씨가 추워진다고 예보를 하니 따뜻한 옷을 입어라.

『хүртэл』·『болтол』

『хүртэл』과 『болтол』은 '~까지'와 '~가 될 때까지'의 의미를 지닌다.

(1) Манай гэр хүртэл 15 минут явдаг.
마나이 게르후르텔 아르방 타왕 미노트 야브다그
우리 집까지 15분 걸린다.

(2) Хоол болтол жаахан амарч бай.
헐: 벌털 자:항 아마르치 바이
밥이 될 때까지 좀 기다리거라.

『гаруй』·『шахам』·『орчим』

『гаруй』·『шахам』·『орчим』는 수사와 같이 사용하는데 『гаруй』는 '~이상', 『шахам』은 '거의'나 '~에 가까운', 『орчим』은 '정도'나 '가량' 등의 의미를 나타낸다.

(1) Манай анги 20 гаруй оюутантай.
마나이 앙기 허리 가로이 어요탕타이
우리 학과 학생은 20명이 넘는다.

(2) Манай анги 30 орчим оюутантай.
마나이 앙기 고치 어르침 어요탕타이
우리 학과 학생은 30명 정도이다.

(3) Манай анги 30 шахам оюутантай.
마나이 앙기 고치 샤함 어요탕타이
우리 학과 학생은 30명에 가깝다.

(메모) 문장에서 гаруй(이상)를 쓰는 경우에는 대략 21~24명 정도를 생각할 수 있으며, 25~27명 정도는 орчим을, 30명에 가까운 28~29명 정도 에는 шахам을 사용한다. 또한 орчим과 같은 의미로 쓰이는 -аад4를 수사의 어간에 바로 취해서 '정도'의 의미를 나타낼 수 있다.

 (4) Манай анги 20-иод оюутантай.
   마나이 앙기 허리어드 어요탕타이
   우리 학과 학생은 30여명 정도이다.

『турш』

후치사 『турш』는 한국어의 '동안/내내'으로 옮길 수 있다.

 (1) Туяа өнөөдөр даргыгаа өдрийн турш хүлээсэн гэнэ.
   토야 오노:드르 다르기가: 으드링 토르시 훌레승 게네
   토야가 오늘 사장님을 오후 내내 기다렸다고 한다.
 (2) Бат 3 цагийн турш ном уншиж байна.
   바트 고르방 차깅 토르시 넘 옹시지 바인
   바트가 3시간 내내 책을 읽고 있다.

(메모) 또한 명사 어간에 -жин을 접속해서 '동안/내내/종일'의 의미를 나타낼 수 있다. Уржигдаржин(그저께 내내), өчигдөржин(어제 내내), өнөөдөржин(온종일), маргаашжин(내일 종일), өглөөжин(오전 내내), оройжин(저녁 내내), өдөржин(낮 내내).

『төлөө』·『тулд, тул』

『төлөө』는 -ын/-ийн/-н로 끝나는 단어 뒤에 나타나며 한국어의 '~을 위하여'에 상응된다.

(1) Эх орныхоо бүтээн байгуулалтын төлөө ажиллацгаая.
   에흐 어르니허: 부텡: 바이골·랄팅 톨료: 아질라츠가:야
   우리 나라의 발전을 위하여 열심히 일합시다.
(2) Эрүүл энхийн төлөө хундагаа өргөцгөөе.
   에룰 엥힝 톨료: 혼다가: 오르고츠고:예
   건강을 위해 건배를 합시다.

(메모)  후치사 『тулд, тул』도 문장에서 '~를 위하여'의 의미를 나타낸다. 『төлөө』는 '목적어 명사구'와 어울려 어떤 목적이나 의도를 나타내는 경우 '~을 위하여'의 꼴로 쓰이고 있다. 하지만 『тулд, тул』는 명사와 바로 연결될 수 없으며 항상 형동사가 선행하는 특징을 지니고 있으며 주로 '~해야 한다"로 끝나는 문장에서 많이 사용된다.

(3) Үүнийг бичихийн тулд монгол бичиг мэддэг хүн хэрэгтэй байна.
   우우니그 비치힝 톨드 몽골비치그 메드데그 홍 헤레그테이 바인
   이것을 쓰기 위해서 몽골 문자를 아는 사람이 필요하다.
(4) Сайхан амьдрахын тулд их хөдөлмөрлөх хэрэгтэй.
   사이항 암드라힝 톨드 이흐 호돌모르로흐 헤레그테이
   행복하게 살기 위해서 많은 노력이 필요하다.


『чинээ』

몽골어 『чинээ』는 속격어미 -ын/-ийн/-н로 끝나는 단어 뒤에 나타나 '만큼, 정도'의 의미를 갖는다.

(1) Эрт үед уулын чинээ биетэй атгаалжин хар мангас байж гэнээ.
   에르트 우이드 오올링 치네 비예테이 아트갈:징 하르 망가스 바이지 게네
   옛날 옛적에 산만큼 큰 봄집을 가진 질투심 많은 괴물이 있었다.

(2) Энэ модны чинээ том мод байвал зүгээр байна.
엔 머드니 치네 텀 머드 바이블 주게:르 바인
이 나무만큼 큰 나무가 있으면 좋다.

『үл барам』·『барахгүй』

몽골어에는 구격어미 -аар4로 끝나는 단어 뒤에 나타나는 『үл барам』(뿐만 아니라)과 『барахгүй』(뿐더러) 등의 도구격지배 후치사들이 있다.

(1) Нэгээр үл барам дөрөв, таван хүн явж гэнээ.
네게:르 울 바람 도로브, 타왕 훙 야브지 게네
1명이 아니라 4, 5명이 갔단다.

(2) Амархнаар барахгүй маш хялбархан хичээл байсан шүү.
아마르흐나:르 바라흐구이 마쉬 햘바르항 히첼 바이상 슈
쉬울 뿐더러 아주 흥미로운 수업이었다.

『наана』·『цаана』과 『урд』·『ард』 그리고 『нааш』·『цааш』

『наана』과 『цаана』은 탈격어미 -аас4와 연결되면 발화자의 위치에서 가까운 곳과 먼 곳 또는 뒤쪽을 가리킨다. 그러나 속격어미 -ын/-ийн/-н와 연결되면 앞이나 뒤쪽을 가리킨다.

(1) Бат сургуулиас наана байна гэнээ.
바트소루골:리아스 난 바인 게네
바트가 학교 가까운 곳에 있단다

(2) Бат сургуулиас цаана байна гэнээ.
바트 소르골리아스 찬: 바인 게네
바트가 학교에서 아주 먼 곳에 있단다.

『дотор』·『гадна』

명사어간 + 속격어미(-ын/-ийн/-н)/-аас4 +『дотор』(안에),『гадна』(밖에)를 취하면 '~안에, 밖에' 등의 의미를 나타낸다.

(1) Байшингийн дотор худалдаа явагдаж байна.
바이싱깅 도토르 호달다 야와그다지 바인
건물 안에서 장사들 하고 있다.
(2) Энэ гэрийн даалгаврыг нэг сарын дотор хийгээрэй.
엔 게링 달:가와리그 네그사링 도토르 히게:레이
이 숙제를 한 달 안에 하세요.

『хажууд』·『дэргэд』

명사어간 + 속격어미(-ын/-ийн/-н) +『хажууд』dhk 『дэргэд』(옆에)를 취하면 '~옆에'의 의미를 나타낸다.

(1) Сургуулийн хажууд эмнэлэг байдаг.
소르골:링 하죠:드 엠네레그 바이다그
학교 옆에 병원이 있다.
(2) Миний дэргэд Бат сууж байна.
미니 데르게드 바트 소:지 바인
내 옆에 바트가 앉아 있다

## 11장 보조첨사 (Туслах сул үг)

몽골어 문장은 аа, л, л даа, даа2, ч, ч гэсэн, биз, шүү, шүү дээ 등의 보조첨사를 사용하여 요구, 확인, 주의 등 여러 감정의 양태의미를 나타낸다.

문법

『aa2』

(1) Та аль ангид сууж байв аа?
    타 아일 앙기드 소지 바이와
    당신은 어느 교실에 앉아 있었습니까?
(2) Бат хөдөөнөөс ирсэн байна аа.
    바트 호뜨:노스 이르셍 바이나:
    바트가 시골에서 왔구나.

(메모) aa는 모든 단어(동사, 명사 형태)의 뒤에 나타나 갑작스런 놀람 등의 감정을 나타낸다. 한편 구어체에서는 의문문의 의문첨사가 될 수 있다.

(3) 토야: Өнөөдөр Бат бид хоёр музей явна.
    오노드르 바트 비드 허여르 무제 야브나
    오늘 바트와 둘이서 함께 박물관으로 간다.
    어머니: Өнөөдөр хаашаа явна аа?
    오노드르 하:샤: 야브나:
    오늘 어디로 간다고?
(4) 토야: Мэдээгээр ханиад ихэссэн тухай гарч байна.
    메데:게:르 하니아드 이헤스셍 토하이 가르치 바인
    뉴스에서 플루가 확산되고 있는 것에 대해서 방송하고 있다.
    어머니: Юу гэнэ ээ?
    유 게네
    뭐라고?

『л』

(1) Аав сонин уншиж л байна уу?
    아아브 서닝 옹시질 바이노

아버지가 아직도 신문을 읽고 있니?

(2) Бат кино үзээд л байна.
바트 키노 우제들 바인
바트가 아직도 영화를 보고 있다.

(메모) 보조첨사 л 은 문장에서 과거에 이루어진 동작, 행위가 현재 또는 미래에도 계속되는 의미를 나타낸다.

『л даа』 · 『даа2』

(1) a. Би монгол хэлийг сурна л даа.
비 몽골 헬리그 소르날 다ː
나는 몽골어를 배울 수 있어.
b. Би монгол хэлийг сурна даа.
비 몽골 헬리그 소른 다ː
나는 몽골어를 꼭 배울 것이다.

(2) a. Би хамт явъя л даа.
비 함트 야우일 다ː
나도 같이 가고 싶다.
b. Би хамт явъя даа.
비 함트 야우이 다ː
나도 같이 가야겠다.

(메모) л даа는 문장에서 '요구' 또는 '망설임' 등의 뜻을 나타낸다. даа2 는 앞에 온 말을 강조하는 의미로 쓰이거나 '~도, 역시, 꼭' 등이 꼴로 쓰인다.

『ч』 · 『ч гэсэн』

(1) 학생들도 왔었다.

Оюутнууд ч ирсэн байсан.
어요트노트 치 이르셍 바이상
Оюутнууд ч гэсэн ирсэн байсан.
어요트노트 치 게셍 이르셍 바이상
(2) 일요일에도 쉬지 않는다.
Бүтэн сайнд ч амардаггүй.
부텡 사인드―치 아마르다그구이
Бүтэн сайнд ч гэсэн амардаггүй.
부텡 사인 치 게셍 아마르다그구이

(메모) ч과 ч гэсэн은 둘 다 '~도'의 뜻을 나타내는 동일한 의미기능을 수행한다.

『биз』・『биз дээ』

   (1) Туяа өнөөдөр сургууль руугаа явсан биз?
      토야 오노:드르 소르골: 로:가: 야브상 비즈
      토야가 오늘 학교에 갔겠지?
   (2) Одоо Бат гадуур зугаалж байгаа биз дээ.
      오또: 바트 가또:르 조갈:지 바이가 비즈 데:
      지금 바트가 밖에 놀고 있겠지.

(메모) биз는 문장 끝에 나타나서 '확신'과 '추정' 등의 의미를 가지며, биз дээ의 용법 역시 문장 끝에 나타나서 '뚜렷한 확신'의 의미를 갖는다. 이들 첨사들의 의미를 비교하면 биз는 청자로부터의 응답을 기대할 수 있는 반면 биз дээ는 반드시 청자의 응답을 요구하지는 않는다는 점에서 차이가 있다.

『шүү』·『шүү дээ』

   (1) 나 (분명히) 백화점 갔다 왔거든.
       Би дэлгүүр яваад ирсэн шүү.
       비 델구:르 야와:드 이르셍 슈
       Би дэлгүүр яваад ирсэн шүү дээ.
       비 델구:르 야와:드 이르셍 슈 데:

(메모) шүү/шүү дээ는 문장 끝에 들어와서 강조의 서법의미 또는 '긍정', '시인' 등의 의미를 나타난다.

(주의할 점) 일부 보조첨사의 경우 보조첨사와 그 앞에 오는 대등연결어미가 결합하여 발음 될 때 길게 발음되어 어미의 형태가 다음과 같이 변화되기도 한다. -ж/-ч + л = жил/-чил, -аад + л = аад4(а4)л. 이런 형태들은 오늘날 문자 메세지나 개인 메일 등에서 많이 쓰이고 있지만 공식 문서상에서는 그다지 많이 쓰지 않는다.

   (1) Бат номоо үзэжил байна уу.
       바트 너머: 우제질 바이노
   바트가 아직도 책을 보고 있니?
   (2) Туяа тэнд суугаадал байна.
       토야 텐드 소:가달 바인
   토야가 그곳에 계속 앉아 있다.

# 12장 연결사 (Холбоох үг)

몽골어에서는 두 가지 이상의 단어와 문장을 연결시키는 기능을 갖는 다음과 같은 단어들이 있다.

『ба』・『болон』

(1) Манай ангийн Бат болон Туяа хичээлээ сайн хийдэг.
마나이 앙깅 바트 벌렁 토야 히첼:레 사인 히데그
우리 학과의 바트와 토야가 공부를 열심히 한다.

(2) Монгол ба Солонгосын хамтын ажиллагаа олон талаар өрг өжиж байна.
몽골 바 솔롱고싱 함팅 아질라가: 올롱 탈라르 오르고지지 바인
몽골과 한국의 교류가 여러 분야에서 확대되고 있다.

(메모) 몽골어의 연결사는 예문 (1)과 (2)에서 보듯이 둘 이상의 주어를 하나의 서술어(өгүүлэхүүн)로 연결할 때 사용한다. 또한 유사한 행동이나 상황이 동시에 일어날 때 이를 연결해주는 기능을 갖는다.

『бөгөөд』・『болоод』

(1) Тэр цэцэг гоё өнгөтэй бөгөөд бас сайхан үнэртэй.
테르 체첵 거이 옹고테이 보고드 바스 사이항 우네르테이
그 꽃은 고운 색깔과 아름다운 향기를 갖고 있다.

(2) Хүмүүнлигийн болоод нийгмийг хамарсан ажилд оролцож байх хэрэгтэй.
후뭉:레깅 벌러드 니이그미그 하마르상 아질드 어럴처지 바이흐 헤레그테이
인문과 사회를 아우르는 일에 참여할 필요가 있다.

(메모) бөгөөд와 болоод는 문장에서 주로 두 개 이상의 문장을 연결시킬 때 많이 사용된다. 예문 (1)에서 보듯이 Тэр цэцэг гоё өнгөтэй. Тэр цэцэг сайхан үнэртэй라는 2문장을 бөгөөд로 연결하여 하나의 문장으로 만든 것이다. Болоод는 ба/болон과 같이 단어와 단어와 연결시키는 기능을 수행하며 또한 목적어, 한정어 등을 연결해 주는 기능을 갖는다.

『харин』·『гэвч』·『гэтэл』

(1) Би сургууль руу явж, харин ээж гэртээ үлдсэн.
비 소르골: 로 야브지, 하링 에에지 게르테 울드셍
나는 학교로 가고, 어머니는 집에 남으셨다.

(2) Туяа олон өдөр хичээлээ хийсэн. Гэвч шалгалтандаа тэнцээгүй.
토야 올롱 으드르 히첼:레: 히셍. 게브치 샬갈:탕다 텐체:구이
토야는 여러 날 공부를 했다. 하지만 시험에 합격하지 못 했다.

(메모) 몽골어 харин은 '그러나', '하지만'의 의미로, гэвч는 '그렇지만', гэтэл은 '그런데' 등의 의미로 옮길 수 있으며, 상반된 행위나 결과가 다른 두 문장을 연결할 때 쓰인다. 그리고 몽골어 문장에서 гэвч로 연결되는 문장을 보조첨사 ч로, гэтэл로 연결되는 문장을 한계연결어미 -тал4로 바꾸어 쓸 수 있으며, 바꾸어 쓸지라도 의미는 변하지 않는다. 예를 들면:

(1) 내가 요즘에 일이 많아도(많다. 하지만) 영어를 배우고 있다.
Би ойрд ажил ихтэй. Гэвч англи хэл сурчбайна.
Би ойрд ажил ихтэй ч англи хэл сурч байна.
비 어이르드 아질 이흐테이 치 앙글리 헬 소르치 바인

(2) 토야가 학교로 빨리 갔지만 아무도 없었다.
Туяа сургуульруугаа яаран очсон. Гэтэл хэн ч байхгүй байлаа.
Туяа сургууль руугаа яаран очтол хэн ч байхгүй байлаа.
토야 소르골: 로:가: 야랑 어치털 헹 치 바이흐구이 바이라

『эсвэл』·『эсхүл』

(1) Чи номуншиx уу, эсвэл хөгжим сонсох уу?
치 넘 옹쉬호, 에스벨 호그집 선서호

당신은 책을 읽겠습니까? 아니면 음악을 들으시겠습니까?

(2) Кофе уух уу?, эсхүл цай уух уу?
커페 오오흐, 에스홀 차이 오오흐
커피 마시겠습니까? 아니면 차를 마시겠습니까?

(메모) эсвэл과 эсхүл은 의미상의 차이는 없으며, 서로 다른 것에 대해서 이야기 할 때 사용한다. 그리고 эсвэл과 эсхүл을 юм уу로 대체해서 비슷한 의미로 사용할 수 있다.

(5) a. Кофе уух уу?, эсхүл цай уух уу?
케페 오오흐, 에스홀 차이 오오흐
커피 마실까? 아니면 차를 마실까?

b. Кофе юм уу цай уух уу?
커페 유모 차이 오오흐
커피나 차를 마실까?

『буюу』

(1) Өнөөдөр 1 сарын 1 буюу шинэ оны эхний өдөр.
오노:드르 네그 사링 네그 보유 신 어니 에흐니 으드르
오늘은 1월 1일이고 새해의 첫 날이다.

(2) Наадмаар буюу 7сарын 11-13-ний өдрүүдэд морь уралддаг.
나:드마:르 보유 덜렁: 사링 아르방 네게스 아르방 고르브니 으드르:데드 머리 오랄드다그
나담 축제 때 즉, 7월 11일부터 13일까지 승마 경기가 있다.

(메모) 똑같은 의미 또는 내용을 연결할 때 주로 буюу를 쓴다.

# 13장 부정첨사와 금지첨사 (Үгүйсгэх ба хориглох сул үг)

부정첨사 『эс』 · 『үл』

(1) Бат Туяагаас маргааш ажилтай эсэхийг лавласан боловч эс дуугарав.
바트 토야가:스 마르가:시 아질타이 에세히그 라브라상 벌러브치 에스 도:가라브
바트는 토야에게 내일 일이 있는지 물어 봤지만 대답하지 않았다.

(2) Алга дарам газрыг ч харьд үл өгтүгэй.
알가 다람 가즈리그 치 하리드 울 오그투게이
손바닥 만한 땅이라도 외국에 내주어서는 안 된다.

(메모) 몽골어의 부정첨사 эс와 үл은 고전 몽골문어에서는 주로 시상과 서법의 차이에 따라 기본적으로 의미 차이를 수반하였지만 현대몽골어에서는 사용 범위가 축소되어 일부의 관용적인 표현을 제외하고는 부정표지의 기능을 살실하게 되었다. 따라서 구어체에서는 많이 쓰이지 않게 되었지만 문어체에서는 많이 사용된다. 현대몽골어에서는 어울림의 제약이 따르게 되어 항상 동사류의 앞에 놓여 '~지 않다'의 부정의 의미를 나타낸다.

금지첨사 『бүү』 · 『битгий』

(1) Багш чамайг 12 хүртэл битгий яваарай гэсэн шүү.
박쉬 차마이그 아르방 허여르 후르텔 비트기 야와라이 게셍 슈
교수님이 너를 12시 까지 가지 말라고 말씀 하셨단나.

(2) Хүйтнээс бүү ай, дулаахан хувцас өмсөхөд л болно шүү дээ.
후이트네:스 부: 아이. 돌라항 호브차스 옴소호들 벌른 슈 데:
추위를 무서워하지 마, 따뜻한 옷을 입으면 괜찮다.

(메모) 현대몽골어의 금지첨사 бүү와 битгий는 통사구조상 항상 명령·원망형 동사의 앞에 놓여 '~지 말다'의 의미를 갖는 금지문을 이룬다..

   (3) Хичээлийн дундуур битгий яриад бай.
       히첼:링 돈도:르 비트기 에리아드 바이
       수업 중에 이야기 하지 마라.
   (4) Өнөөдөр хүйтэн байгаа учраас гадагшаа битгий гараарай.
       오노:드르 후이텡 바이가 오치라:스 가다그샤: 비트기 가라라이
       오늘은 날씨가 추우니 밖으로 나가지 마라.

### 명사류 부정 『биш』

   (1) Энэ ном биш, тэмдэглэлийн дэвтэр.
       엔 넘 비쉬, 템데그렐링 데브테르
       이것은 책이 아니라 공책이다.
   (2) Би оюутан биш.
       비 어요탕 비쉬
       나는 학생이 아니다.

(메모) 몽골어의 명사류 부정첨사 биш는 일반적으로 명사류의 뒤에 붙어 유정물과 무정물의 특질을 부정하는 의미적 관계를 형성한다.

### 『үгүй』

   (1) Туяа хэлзүйн номгүй гэнээ.
       토야 헬주잉 넘구이 게네
       토야에게는 문법 책이 없다고 합니다.
   (2) Засгийн газар амласнаа биелүүлээгүй.
       자스깅 가자르 아므라스나 비예룰:레:구이
       정부가 약속을 지키지 않았다.

(메모) 역시 명사류의 부정을 나타내는 첨사로서 현대몽골어에서 үгүй는 -гүй가 되어 명사나 형동사에 붙어 사용된다.

(주의할 점) 외국인 학습자들의 경우 묻는 말에 답할 때 биш와 үгүй를 혼동하여 잘 못 쓰는 경우가 많다. 이 경우에 우리말에는 양쪽 다 '아니다'라는 말을 쓰지만 몽골어에서는 구별해서 대답해야 하는 것이다.

(1) Бат: Чи сургууль руу явж байна уу?
  바트: 치 소르골: 로: 야브지 바이노
  바트: 너는 학교로 가고 있니?
  Сон-А: (X) Биш    (O) Үгүй
  선아:    비쉬         우구이
(2) Бат:   Энд Туяа гэж хүн байдаг уу?
  바트:   엔드 토야 게지 홍 바이다고:
  바트:   이곳에 토야라는 사람이 있습니까?
  Сон-А:  (X) Биш    (O) Үгүй
  선아:      비쉬         우구이

(메모) 아래의 (3)과 같은 예문에서는 명사 + 의문사가 있는 경우 Үгүй 와 Биш 둘 다 사용할 수 있다.

(3) Энэ чиний дэвтэр үү?
  엔 치니 데브테루:
  이것이 너의 노트니?
  (O) Үгүй ~ Биш
    우구이~비쉬

# 4-р бүлэг: Солонгос хэлний хэлзүй

● 제4과 한국어 문법 ●

## 한국어의 파생법(Солонгос хэлний үг үүсэх ёс)

파생어는 그 어간의 직접 구성요소의 하나가 파생접사인 단어를 말한다. 국어의 파생어는 접두사에 의한 파생어와 접미사에 의한 파생어로 대별된다.

일반적으로 파생법에 의한 낱말 만들기의 방법에는 어기에 접사를 붙이는 외적 파생과, 어떤 한 개의 낱말과 내부 변화 즉 그 낱말들의 모음이나 자음의 일부를 변경 혹은 첨삭하여 그와 유사하거나 관련 있는 뜻의 다른 낱말을 성립시키는 내적 파생이 있다. 최근의 조어론은 생산성의 정도에 따른 낱말 만들기 규칙의 설정에 비중을 두고 있다. 그러므로 내적 파생은 개념의 분화에 의한 말의 증가 현상이므로 보편적인 규칙을 수립할 수 없으므로 진정한 의미의 파생으로 인정하지 않는다. 낱말 만들기 규칙의 설정을 전제로 할 때는 외적 파생만을 대상으로 한다. 외적 파생은 접두파생과 접미파생으로 구분하는데 접두파생의 경우 접두사는 파생되어 나온 단어의 품사의 범주를 바꾸지 않으므로 한정적접사의 기능을 가진다. 그런데 접두사는 접미사에 비하여 파생력이 낮다. 이에 비하여 접미파생법의 형식형태소인 접미사는 품사의 범주를 바꾸는 지배적 기능도 지니면서 품사의 범주를 바꾸지 않고 어기에 뜻만을 더하는 한정적 기능도 가진다. 접두파생은 어휘적 파생에 한정되나 접미파생은 어휘적 파생과 통사어휘적 파생을 겸한다.

## 1. 접두파생법(угтвар үгээс үүсэх ёс)

국어의 파생 접두사는 단어의 품사는 바꾸지 못하고 그 의미만 바꾸어 그 하는 일이 접미사보다 단조롭고, 그 종류도 접미사보다 훨씬 적다.

(1) 강술, 강추위, 강골, 맨몸, 맨주먹, 갓스물, 군소리, 맨손, 맏형, 풋나물, 시부모

(1)의 예들은 명사어간에 접두사가 붙어 다시 명사가 된 것이다. 예를 들면 '강술', '강추위', '강골'의 순 우리말 접두사 '강'은 '다른 것이 섞이지 않은, 물기가 없는, 억지스러운'의 뜻인데 '매우 센, 호된, 심한' 등의 의미를 더해주는 말에도 쓴다. 명사에 붙는 접두사는 관형사와 성질이 비슷하여 관형사형 접두사라 일컫기도 한다. 관형사는 체언과의 분리성이 강하여 그 사이에 다른 말이 끼어들 수 있고 대부분의 명사 앞에 놓일 수 있으나 관형사형 접두사는 어근과의 사이에 다른 말이 끼어들 수도 없을 뿐만 아니라 그것이 붙는 어근의 수효도 제한되어 있다. 또한 그 분포에 있어서도 관형사나 부사에 비해 큰 제약을 받는다.

(2) 헛되다, 덧입다, 빗나가다, 헛나가다, 짓밟다
(3) 샛까맣다, 샛빨갛다, 시퍼렇다, 샛노랗다

(2)의 예들은 파생용어들로서 동사를 다시 동사로 (3)는 형용사를 다시 형용사로 각각 파생시키는 것이다. (3)에서 형용사 파생의 접두사는 '새-, 시-'인데, '새-, 시-'는 색채 표시의 단어에 붙는다. 용언파생의 접두사는 부사와 성질이 비슷하여 부사성 접두사라고 일컫기도 한다.

## 2. 접미파생법(дагавар үгээс үүсэх ёс)

한국어의 파생접미사는 그 수도 대단히 많고 하는 일도 어기의 의미뿐만 아니라 품사 등의 문법적 성질도 바꾸는 등 접두사보다 복잡하다.

## 3. 명사파생법(нэр үгээс үүсэх ёc)

(4) 잠보, 겁보 울보, 거짓말장이
(5) a. 웃음, 울음, 믿음, 놀이, 쓰기, 말하기, 덮개, 먹이
    b. 기쁨, 길이, 크기, 넓이
    c. 선생님

(4)는 체언에 접사가 붙어 다시 체언을 파생시켰으니 어휘적 체언파생법이다. (5.a.b)는 통사적 파생법이다. (5.a)는 동사를 명사로, (5.b)는 형용사를 명사로 각각 파생시킨다.

(6) 밀치다, 넘치다
(7) a. 밥하다, 공부하다
    b. 밝히다, 좁히다, 맞추다
    c. 철렁거리다, 바둥바둥하다
    d. 먹이다, 먹히다, 울리다, 깨트리다, 깨지다

(6)는 동사에서 접사 '치-'가 붙어 다른 의미의 동사가 되었으니 어휘적 파생법에 의한 동사의 파생이다. 이러한 형성법에 해당하는 동사에는 이밖에도 '감치다, 걸치다, 놓치다, 덮치다' 등이 있다.
(7)은 통사적 파생법이다. (7.a.b.c)는 다른 품사에서 동사로 바뀐 것이고 (7.d)는 접사의 첨가가 통사구조에 영향을 미치는 것이다. (7.a)의 '-하다'는 문법가에 따라서는 단순한 동사로 보는 일도 없지 않아 있으나 '-되다'와 대립하여 능동사와 피동사를 형성한다는 점에서 접사로 보는 것이 합리적이다. 그것은 '밥, 공부, 생산' 등 동작성을 띤 명사에 널리 붙는다. (7.b)는 형용사를 동사화하는 것이고 (7.c)는 부사를 동사화하는 것이다. (7.c)는 의성부사나 의태부사를 동사화하는 것인데 '거리-'가 붙을 때는 첩어성을 잃는다. 이러한 규칙이 적용되는 부사에는 네 음절로 된 '기웃기웃/ 갸웃갸웃, 달랑달랑/덜렁덜렁, 넘실넘실/남실남실' 등의 상징

어가 있다. (7.d)는 접사의 부착이 품사를 바꾸지는 않지만 앞의 '-님'과 같이 통사구조에 영향을 끼치므로 통사적 파생법으로 처리된다. '먹이다, 울리다, 깨트리다'의 '-이-, -트리-'는 타동사를 사동사로 만들고 '먹히다, 울리다, 깨지다'의 '-히-, -이-, -지-'는 타동사를 피동사로 바꾼다.(구벤두젠두리,1996:18)

## 4. 부사파생법(дайвар үгээс үүсэх ёс)

(8) a. 많이, 높이, 고이, 바삐, 빨리
    b. 도로, 너무, 자주

(8)의 예들은 부사파생법이다. 부사파생법에는 어휘적 파생법이 확인되지 않고 전부 통사적 파생법만 발견된다.

이외에도 동사파생법이 있는데 이들은 피동사와 사동사를 만드는 접미사들로서 '쓰이다, 막히다'와 같은 피동사와 '속이다, 돋우다, 없애다'와 같은 사동사를 파생시킨다.

초기의 논의에서 생산성은 그 접미사가 첨가되어 만들어지는 파생어의 수를 세어 나타내었는데 이러한 방법에 의거 서정수(1996:85) 에서는 한국어의 목록을 유형별로 아래와 같이 제시하였다.

<표1> 한국어 품사에 따른 접미사의 수와 예

| 범주 | 수 | 보기 |
|---|---|---|
| 명사 | 74 | -꾸러기, -깽이, -개, - 거리, -거리, -거리, -거리, -깔, -께, -꼬, -꾼, -꿈치, -나기, -네, -다리, -딱서니, -우라기, -음, -다귀, -데기, -따리, -때기, -뜨기, -매, - 박이, -발, -보, -보숭이, -부리, -불이, -빼기, -뻘, -사리, -새, -쇠, -스랑, -아리, -악서니, |

| | | |
|---|---|---|
| | | -으러기, -아지, -아치, -웅, -이, -장, -장이, -쟁이, -지거리, -지기, -질, -찌, -투성이, -태기, -퉁이, -포, -타리, -팽이, -둥이(둥이), -뱅이, -지, -쯤, -째, -치, -치기, -기, -막, -애(에), -암(엄), -저기, -깨, -챙이, -앙이(엉이), -충이, - 투리 |
| 동사 | 19 | -닐-, -드리-, -조리-, -지르-, -치-, -구-, -기-, -리-, -우-, -(으)키-, -이-, -이키-, -히-, -추-, -애-, -이우-, -거리-, -이, -그리- |
| 부사 | 14 | -껏, -내, -이, -소(수), -옴, -것, -ㅅ, -사리, -금, -욱, -장, -암치, -에(애), -오(우) |
| 형용사 | 11 | -스럽-, -답-, -롭-, -접(쩝)-, -브-, -압(업)-, -갑(겹)-, -다랗-, -애(에)-, -하- |

 일반적으로 한 언어에서 생산성의 높고 낮음을 측정하기가 쉽지는 않지만 생산성은 그 접사가 얼마나 많이 사용되는지를 말해주므로 파생법 논의에서는 여전히 중요하다고 할 수 있다. 여기에 비추어 다음에서는 한국어의 동일 품사 안에서의 어근별, 접사별에 따른 생산성(productivity)의 정도를 살펴보면 아래와 같다.(서정수(1996:85-90)

## 5. 명사파생접미사 (нэр үгээс үүсэх дагавар)

어근별: 어근에 따른 접미사의 수와 예

<표2> 한국어의 명사파생접미사

| 어근의 종류 | 수 | 접미사의 예 |
|---|---|---|
| 명사어근 | 38 | -거리, -깔, -꼬, -꾸러기, -꾼, -꿈치, -네, -다귀, -따리, -딱서니, -때기, - |

| | | |
|---|---|---|
| 명사어근 | 38 | 매, -박이, -발, -보숭이, -붙이, -빼기, -뺄, -사리, -스랑, -악서니, -우라기, -으러기, -아치, -웅, -장, -지거리, -찌, -투성이, -포, -타리, -쯤, -팽이, -치, -께, -뜨리 |
| 명사어근, 불완전어근 | 9 | -아지, -장이, -데기, -새, -아리, -자기, -태기, -퉁이, -충이 |
| 명사어근, 동사어근 | 4 | -개, -치기, -거리, -음 |
| 동사어근 | 3 | -애(에), -암(엄), 저지 |
| 동사어근, 불완전어근 | 3 | -깽이, -깨, -어리 |
| 명사어근, 동사어근, 형용사어근, 불완전어근 | 3 | -보, -내기, -뱅이 |
| 명사어근, 형용사어근 | 2 | -다리, -지 |
| 동사어근, 형용사어근 | 2 | -기, -막 |
| 명사어근, 동사어근, 형용사어근, 불완전어근 | 2 | -이, -쇠 |
| 형용사어근 | 1 | -챙이 |
| 불완전어근 | 1 | -투리 |
| 명사어근, 부사어근 | 1 | -부리 |
| 명사어근, 수사어근 | 1 | -째 |
| 명사어근, 수사어근, 불완전어근 | 1 | -쟁이 |
| 명사어근, 동사어근, 불완전어근 | 1 | -둥이(동이) |
| 명사어근, 동사어근, 부사어근, 불완전어근 | 1 | -질 |
| 명사어근, 동사어근, 형용사어근, 부사어근 | 1 | -앙이(엉이) |

## 6. 동사파생접미사 (үйл үгээс үүсэх дагавар)

어근별: 어근에 따른 접미사의 수와 예

### <표3> 한국어의 동사파생접미사

| 어근의 종류 | 수 | 접미사의 예 |
|---|---|---|
| 동사어근 | 6 | -닐-, -드리-, -지르-, -(으)키-, -이키- |
| 동사어근, 형용사어근 | 6 | -기-, -우-, -이우-, -이-, -히-, -추- |
| 형용사어근, 불완전어근 | 2 | -거리-, -이- |
| 형용사어근 | 1 | -애- |
| 불완전어근 | 1 | -그리- |
| 동사어근, 불완전어근 | 1 | -구- |
| 동사어근, 형용사어근, 불완전어근 | 1 | -리- |
| 명사어근, 동사어근, 형용사어근, 부사어근 | 1 | -치- |

## 7. 형용사파생접미사 (тэмдэг нэрээс үүсэх дагавар)

### <표4> 한국어의 형용사파생접미사

| 어근의 종류 | 수 | 접미사의 예 |
|---|---|---|
| 명사어근, 불완전어근 | 4 | -스럽-, -답-, -롭-, -적(쩍)- |

| 형용사어근, 불완전어근 | 2 | -갑(겹)-, -애(에)- |
|---|---|---|
| 명사어근 | 1 | -접(쩝)- |
| 형용사어근 | 1 | -다랗- |
| 불완전어근 | 1 | -하- |
| 동사어근, 형용사어근 | 1 | -브- |
| 동사어근, 형용사어근, 불완전어근 | 1 | -압(업)- |

## 8. 부사파생접미사(дайвар үгээс үүсэх дагавар)

<표5> 한국어의 부사파생접미사

| 어근의 종류 | 수 | 접미사의 예 |
|---|---|---|
| 부사어근 | 5 | -금, -욱, -장, -암치, -에(애)- |
| 형용사어근 | 3 | -것, -ㅅ, -사리 |
| 명사어근, 형용사어근, 부사어근, 불완전어근 | 2 | -이, -오(우) |
| 명사어근 | 1 | -소(수) |
| 동사어근 | 1 | -음 |
| 명사어근, 동사어근 | 1 | -내 |
| 명사어근, 불완전어근 | 1 | -껏 |

# хоёрдугаар хэсэг

## Өдөр тутмын үгнүүд

## 제2부 : 생활 단어들

## Гэр бүл : 게르 불
## 가족 관계

| 한국어: Солонгос хэл | | Монгол хэл: 몽골어 | |
|---|---|---|---|
| 단어:Үг | Дуудлага :발음 | Үг | Дуудлага |
| (친)할아버지 | (chin)hal'abeoji | Өвөө (аавын аав) | 오워 |
| (친)할머니 | (chin)halmeoni | Эмээ (аавын ээж) | 에메 |
| 외할아버지 | oehal'abeoji | Өвөө(ээжийн аав) | 오워 |
| 외할머니 | oehalmeoni | Эмээ (ээжийн ээж) | 에메 |
| 아버지 | abeoji | Аав | 아아브 |
| 어머니 | eomeoni | Ээж | 에에지 |
| 아빠 | abba | Аав | 아아브 |
| 엄마 | eomma | Ээж | 에에지 |
| 부모 | bumo | Гэр бүл | 게르불 |
| 아들 | adeul | Хүү | 후 |
| 딸 | ddal | Охин | 어힝 |
| 형제 | hyeongje | Ах дүү | 아흐두 |
| 자매 | jamae | Эгч дүү | 에그치두 |
| 형 | hyeong | Ах | 아흐 |
| 오빠 | obba | Ах | 아흐 |
| 누나 | nuna | Эгч | 에그치 |
| 언니 | eonni | Эгч | 에그치 |
| 남동생 | namdongsaeng | Эрэгтэй дүү | 에레그테이 두: |

Гэр бүл

| | | | |
|---|---|---|---|
| 여동생 | yeodongsaeng | Эмэгтэй дүү | 에메그테이 두: |
| 사돈 (사돈관계) | sadon (sadon'gwangye) | Худ (худ ураг) | 호드 (호드 오라그) |
| 장인 | jang'in | Хадам аав (эхнэрийн аав) | 하담 아아브 |
| 장모 | jangmo | Хадам ээж (эхнэрийн ээж) | 하담 에에지 |
| 시아버지 | si'abeoji | Хадам аав (нөхрийн аав) | 하담 아아브 |
| 시어머니 | si'eomeoni | Хадам ээж (нөхрийн ээж) | 하담 에에지 |
| 친척 | chincheog | Хамаатан | 하마:탕 |
| 이웃 | i'ut | Хөрш | 호르쉬 |
| 조부모 | jobumo | Өвөө, эмээ | 오워,에메: |
| 삼촌 | samchon | Авга ах (аавын эрэгтэй ах, дүү) | 아브가 아흐 |
| 숙모 | sugmo | Авга эгч (аавын ах, дүүгийн эхнэр) | 아브가 에그치 |
| 외삼촌 | oesamchon | Нагац ах (ээжийн эрэгтэй ах, дүү) | 나가츠 아흐 |
| 외숙모 | oesugmo | Нагац эгч (ээжийн ах, дүүгийн эхнэр) | 나가츠에그치 |
| 형부/매부 | hyeongbu/maebu | Хүргэн ах (эгчийн нөхөр) | 후르겡 아흐 |
| 형수/올케 | hyeongsu/olke | Бэргэн эгч (ахын эхнэр) | 베르겡에그치 |
| 이모 | imo | Нагац эгч (ээжийн эгч, эмэгтэйдүү) | 나가치에그치 |

가족관계

## 가족 관계

| | | | |
|---|---|---|---|
| 이모부 | imobu | Нагац ах (ээжийн эгч, дүүгийн нөхөр) | 나가츠 아흐 |
| 고모 | gomo | Авга эгч (аавын эгч, эмэгтэй дүү) | 아브가에그치 |
| 고모부 | gomobu | Авга эгч (аавын эгч, дүүгийн нөхөр) | 아브가에그치 |
| 형제 | hyeongje | Ах дүү | 아흐 두 |
| 자매 | jamae | Эгч дүү | 에그치 두 |
| 남매 | nammae | Ах дүүс | 아흐 두:스 |
| 사위 | sa'wi | Хүргэн | 후르겡 |
| 며느리 | myeoneuri | Бэр | 베르 |
| 조카 | joka | Ах, дүү, эгчийн хүүхэд | 아흐,두,에그칭 후헤드 |
| 질녀 | jilnyeo | Ач, зээ охин | 아치,제: 어힝 |
| 사촌 | sachon | Үеэл | 우이엘 |
| 손자 | sonja | Ач хүү | 아치 후 |
| 손녀 | sonnyeo | Ач охин | 아치 어힝 |
| 동서 | dongseo | Нэг айлын бэрүүд нэг нэгний гээ дуудах | 넥 아일링 베루드 넥 네그니게 도다흐 |
| 대부 | daebu | Загалмайлсан эцэг | 자갈마일상 에체그 |
| 대모 | daemo | Загалмайлсан эх | 자갈마일상 에흐 |
| 시동생 | sidangsaen-g | Хүргэн дүү | 후르겡 두 |
| 처남 | cheonam | Эхнэрийн эрэгтэй дүү | 에흐네링 에레그테이 두 |

Гэр бүл

| 처제 | cheoje | Эхнэрийн эмэгтэй дүү | 에흐네링 에메그테이 두 |
|---|---|---|---|
| 시누이 | sinu'i | Нөхрийн эгч ба эмэгтэй дүү | 누흐링 에그치 바 에메그테이 두 |
| 아기 | agi | Хүүхэд | 후헤드 |
| 장남 | jangnam | Ууган хүү | 오오강 후 |
| 장녀 | jangnyeo | Ууган охин | 오오강 어힝 |
| 막내 | magnae | Отгон хүүхэд | 어트겅 후헤드 |
| 아저씨 | ajeossi | ах | 아흐 |
| 아주머니 | ajumeoni | эгч | 에그치 |
| 남편 | nampyeon | Нөхөр | 노호르 |
| 아내 | anae | Эхнэр | 에흐네르 |

가족관계

● Энэ хүн манай өвөө.
  엥 홍 마나이 오워.

  이분은 우리 할아버지이세요.
  ibuneun uri halabeoji'iseyo.

● Манай хүү Сөүлд амьдардаг.
  마나이 후 서울드 암다르다그.

  저의 아들은 서울에서 살고 있습니다.
  jeo'ui adeul'eun seoul'eseo salgo isseumnida.

● Ээж намайг дөнгөж 7 настай байхад нас барсан.
  에찌 나마이그 둔그찌 덜러 나스테 배하드 나스 바르상.

  어머니는 내가 겨우 일곱 살 때 돌아가셨습니다.
  eomeonineun naega gyeo'u ilgob sal ddae dal'agasyeosseumnida.

● Манайх ганц хүүтэй.
  마나이흐 강츠 후테이.

  저는 아들 하나만 있습니다.
  jeoneun adeul hanaman isseumnida.

# Ⅲ Тоо 터
## 수사

### 1. Тоо

| 한국어: Солонгос хэл | | Монгол хэл : 몽골어 |
|---|---|---|
| ☞1 | ☞2 | |
| 영[yeong], 공[gong ] | | Тэг 텍 |
| 일[il] | 하나[hana] | Нэг[네그] |
| 이[i] | 둘[dul] | Хоёр[허여르] |
| 삼[sam] | 셋[set] | Гурав [고라브] |
| 사[sa] | 넷[net] | Дөрөв[도르브] |
| 오[o] | 다섯[daseot] | Тав[타우] |
| 육[yuk] | 여섯[yeoseot] | Зургаа[조르가] |
| 칠[chil] | 일곱[ilgob] | Долоо[덜러] |
| 팔[pal] | 여덟[yeodeol] | Найм[나임] |
| 구[gu] | 아홉[ahob] | Ес[유스] |
| 십[sib] | 열[yeol] | Арав[아라브] |
| 십일[sib'il] | 열하나[yeolhana] | Арван нэг[아르방 네그] |
| 십이[sib'i] | 열둘[yeoldul] | Арван хоёр [아르방 허여르] |
| 십삼[sibsam] | 열셋[yeolset] | Арван гурав [아르방 고라브] |
| 십사[sibsa ] | 열넷[yeolnet] | Арван дөрөв [아르방 도로브] |

| | | |
|---|---|---|
| 십오[sib'o] | 열다섯 [yeoldaseot] | Арван тав[아르방 타우] |
| 십육[sibyuk] | 열여섯 [yeolyeoseot] | Арван зургаа [아르방 조르가] |
| 십칠[sibchil] | 열일곱[yeolilgob] | Арван долоо [아르방 덜러] |
| 십팔[sibpal] | 열여덟 [yeolyeodeol] | Арван найм [아르방 나임] |
| 십구[sibgu] | 열아홉[yeolahob] | Арван ес[아르방 유스] |
| 이십[isib] | 스물[seumul] | Хорь[허리] |
| 삼십[samsib] | 서른[seureun] | Гуч[고치] |
| 사십[sasib] | 마흔[maheun] | Дөч[두치] |
| 오십[osib] | 쉰[swin] | Тавь[타비] |
| 육십[yuksib] | 예순[yesun] | Жар[자르] |
| 칠십[chilsib] | 이른[ireun] | Дал [달] |
| 팔십[palsib] | 여든[yeodeun] | Ная[나야] |
| 구십[gusib] | 아흔[aheun] | Ер [여르] |
| 백[baek] | | Зуу[조] |
| 천[cheon] | | Мянга[먕가] |
| 만[man] | | Арван мянга [아르방 먕가] |
| 십만[sibman] | | Зуун мянга[종미양가] |
| 백만[baekman] | | Сая[사야] |

☞ 1:өдөр, долоо хоног, сар, он, минут, секунд, мөнгө тоолохдоо: 일, 주, 월, 년, 분, 초, 돈 따위 셀 때
☞ 2:Sa pagbilang ng panahón, bagay, gulang at iba pa: Цаг хугаца а, бараа, нас тоолохдоо

- Өчигдөр бид гурав тэнд байсан.
  오치그드르 비드 고라브 텐드 바이상.
  어제 우리 셋이 저기에 있었습니다.
  eoje uri ses'i jeogi'e isseosseumnida

- Надад тавин төгрөгнөөс илүү байхгүй.
  나다드 타윈빙투그르그노스 일루 바이흐구이.
  저는 오십 토기릭 밖에 없습니다.
  jeoneun osib peso bakk'e eobsseumnida

2. Янз бүрийн бараа тоолох:

| Монгол хэл<br>몽골어 | Дуудлага<br>발음 | Солонгос хэл<br>한국어 | Дуудлага<br>발음 |
|---|---|---|---|
| Нэг байр | 네그 바이르 | 집 한 채 | jib han chae |
| Нэг машин | 네그 마쉥 | 차 한 대 | cha han dae |
| Хоёр талх | 허여르 탈흐 | 방 두 칸 | bang du kan |
| Хоёр ном | 허여르 넘 | 책 두 권 | chaek du kwon |
| Гурван дэвтэр | 고르방 데우테르 | 공책 세 권 | gongchaek se kwon |
| Гурван хуудас цаас | 고르방 호다스 차스 | 종이 세 장 | jong'i se jang |
| Гутал нэг хос<br>Оймс нэг хос | 고탈 네그 허스<br>어임스 네그 허스 | 구두 한 켤레<br>양말 한 켤레 | gudu han kyeolle<br>yangmal han kyeolle |
| Алим дөрвөн ширхэг | 알림 도르붕 시르헥 | 사과 네 개 | sagwa ne gae |
| Гоймон таванхайрцаг | 거이멍 타왕 해르차그 | 라면 다섯 박스 | ramyeon daseot bakseu |
| Зургаан хүн | 조르강 훙 | 여섯 명 | yeoseot myeong |
| Долоон цагдаа | 덜렁 차그다 | 일곱 명의 경찰관 | ilgobmyeong'ui gyueongchalgwan |
| Нохой/тахиа долоон толгой | 너허이/타히아 덜렁 털거이 | 개/닭 일곱 마리 | gae/dak ilgob mari |

| | | | |
|---|---|---|---|
| Найман нас | 나이망 나스 | 여덟 살 | yeodeolsal |
| Шар айраг/усан үзмний дарс арван шил | 샤르 아이라그/오상 우제밍 다르스 아르방 쉴 | 맥주/포도주 열 병 | maekju/podoju yeol byeong |
| Ус хоёр аяга | 오스 허요르 아야가 | 물 두 컵 | mul du keop |
| Кофе/цай гурван аяга | 커페/채 고르왕 아야가 | 커피/차 세 잔 | keopi/cha se jan |
| Будаа таван шуудай | 보다 타왕 쇼대 | 쌀 다섯 포대 | ssal daseot podae |
| Чихэр хоёр халбага | 치헤르 허여르 할바가 | 설탕 두 수푼 | seoltang du supun |
| Чихэр хоёр килограмм | 치헤르 허여르 킬러그람 | 설탕 오 킬로 | seoltang o kilo |
| Хоёр үзэг | 허요르 우제그 | 펜 두 자루 | pen du jaru |
| Нэг бөөрөнхий байцаа | 네그 부릉히 배차 | 양배추 한 포기 | yang baechu han pogi |
| Цэцэг нэг баглаа | 체체그 네그 바그라 | 꽃 한 다발 | kkot han dabal |
| Усан үзэм нэг багц | 오상 우젬 네그 바그치 | 포도 한 송이 | podo han song'i |
| Цэцэг нэг багц | 체체그 네그 바그치 | 꽃 한 송이 | kkot han song'i |
| Чавга нэг сагс | 차우가 네그 사그스 | 자두 한 바구니 | jadu han baguni |
| Нэг шөнө | 네그 슌 | 한 밤 | han bam |
| Хувцас гурван хос | 호우차스 고르왕 허스 | 옷 세 벌 | ot se beol |
| Гурван утасны дуудлага | 고르왕 오타스니 도드라가 | 전화 세 통 | jeonhwa se tong |
| Нэг шийгуа | 네그 쉬고아 | 수박 한 통 | subak han tong |
| Хоёр гимчи | 허여르 김치 | 김치 두 통 | kimchi du tong |
| Банана нэг баглаа | 바나나 넥 바그라 | 바나나 한 다발 | banana han dabal |
| Дөрвөн мод | 도르붕 머드 | 나무 네 그루 | namu ne geuru |
| Нэг манго | 네그 망거 | 망고 한 봉지 | manggo han bongji |
| Будаа нэг таваг | 보다 네그 타와그 | 밥 한 그릇(한 공기) | bap han geureut (han gonggi) |
| Нэг хоол | 네그 헐: | 식사 한 끼 | siksa han kki |

- Би байр нэгийг худалдаж авахыг хүсч байна.
  비 바이르 네긱 호달다쯔 아와히그 후스치 밴.

  나는 집 한 채 사고 싶어요.
  naneun jib han chae sago sip'eoyo.

- Манго нэг нь ямар үнэтэй вэ?
  망거 넥 은 야마르 운테 웨?

  망고 한 봉지에 얼마예요?
  manggo han bongji'e eolmayeyo

4. Дэс тоо: 서수

| 한국어: Солонгос хэл | Монгол хэл: 몽골어 |
|---|---|
| 첫째[cheotjjae] | Нэгдүгээр[네그두게르] |
| 둘째[duljjae] | Хоёрдугаар[허여르도가르] |
| 셋째[setjjae] | Гуравдугаар[고라브도가르] |
| 넷째[netjjae] | Дөрөвдүгээр[도르브두게르] |
| 다섯째[daseotjjae] | Тавдугаар[타브도가르] |
| 여섯째[yeoseotjjae] | Зургаадугаар[조르가도가르] |
| 일곱째[ilgobjjae] | Долоодугаар[덜러도가르] |
| 여덟째[yeodeoljjae] | Наймдугаар[나임도가르] |
| 아홉째[ahobjjae] | Есдүгээр[유스두게르] |
| 열째[yeoljjae] | Аравдугаар[아라브도가르] |
| 몇 번째?[myeot beonjjae] | Хэддүгээр?[헤드두게르] |

- Чи хэддүгээр хүүхэд вэ?
  치 헤드두게르 후헤드 웨?

  너는 몇 번째 자녀이냐?

neoneun myeot beonjjae janyeo'inya?

● Би тавдугаар нь.
  비 타우도가른.
  저는 다섯째입니다.
  jeoneun daseotjjae'imnida

● Та нарын тэмцээн хэддүгээрх нь вэ?
  타 나링 템첸 헤드두게르흔 웨?
  당신들의 경기는 몇 번째입니까?
  dangsindeul'ui gyeong'gineun myeot beonjjae'imnikka?

# Цаг хугацаа: 시간

## 1. 시간 단위: Цаг хугацаа

| Монгол хэл: 몽골어 | | 한국어: Солонгос хэл | |
|---|---|---|---|
| Salitâ | Bigkas | 단어 | 발음 |
| Цаг хугацаа | 착 호가차 | 시간 | Sigan |
| Секунд | 세콘드 | 초 | Cho |
| Минут | 미노트 | 분 | Bun |
| Цаг | 착 | 시 | Si |

## 2. 시간 표현: Цаг хугацаа

| 시간: Цаг хугацаа | Монгол хэл: 몽골어 | 한국어: Солонгос хэл |
|---|---|---|
| 1:00 a.m. | Шөнийн нэг цаг [슈닝 착] | 밤 한시[bam hansi] |
| 6:20 a.m. | Өглөө зургаан цаг хорин минут [오글로 조르강 착 허링 미노트] | 아침 여섯시 이십분[achim yeoseotsi isibbun] |
| 9:30 a.m | Үдээс өмнө есөн цаг гучин минут [우데스 우믄 유승 착 고칭 미노트] | 오전 아홉시 삼십분[ojeon ahobsi samsibbun] |
| 12:00 noon | Үд (өдрийн арван хоёр цаг)[우드 링 아르왕 허요르 착] | 정오(낮 열두시) [jeong'o(nad yeoldusi) |
| 3:40 p.m. | Үдээс хойш гурван цаг дөчин минут [우데스 허이쉬 고르방 착 도칭 미노트] | 오후 세시 사십분 [ohu sesi sasibbun] |
| 6:50 p.m. | Орой зургаан цаг тавин минут [어러이 조르강 착 타윙 미노트] | 저녁 6시 오십분[jeonyeok yroseotsi osibbun] |
| 12:00 p.m. | Шөнө дунд (шөнийн арван хоёр цаг) [슌 돈드] | 자정(밤 열두시)[jajeong (bam yeoldusi) |

Цаг хугацаа

- Одоо хэдэн цаг болж байна?
  오또 헤뎅 착 볼찌 밴?
  
  지금 몇 시예요?
  jigeum myeot siyeyo?

- Одоо шөнийн 11 цаг болж байна.
  오또 슈닝 아르왕넥 착 볼찌 밴..
  
  지금은 밤 11시 반입니다.
  jigeumeun bam yeolhansi ban'imnida.

- Одоо цаг хугацаа байна уу?
  오또 착 호가차 밴 오?
  
  지금 시간이 있습니까?
  jigeum sigan'i isseumnikka?

- Хэдэн цаг, хэдэн минутанд хөдлөх вэ?
  헤뎅 착, 헤뎅 미노탄드 후드르흐 웨?
  
  몇 시, 몇 분에 출발하세요?
  myeotsi myeot bun'e chulbalhaseyo?

## 3. 계절: Улирал

| Монгол хэл: 몽골어 | | 한국어: Солонгос хэл | |
|---|---|---|---|
| Үг | Дуудлага | 단어 | 발음 |
| Улирал | 올리랄 | 계절 | gyejeol |
| Хавар | 하와르 | 봄 | bom |
| Зун | 종 | 여름(건기) | yeoreum(geongi) |
| Намар | 나마르 | 가을 | ga-eul |
| Өвөл | 오월 | 겨울 | gyeo-ul |
| Ороoны улирал | 어러니 오리랄 | 우기 | ugi |

# 시간

● Ямар улиралд дуртай вэ?
　야마르 오리랄드 도르타이 웨?
　무슨 계절을 좋아하세요?
　museun gyejeol'eul jo'a haseyo?

● Дөрвөн улиралд бүгдэд нь дуртай.
　도르■ 오리랄드 부그데든 도르타이.
　사 계절 다 좋아해요.
　sagyejeol da jo'ahaeyo.

### 4. 날짜: Өдөр

| Монгол хэл: 몽골어 | | 한국어: Солонгос хэл | |
|---|---|---|---|
| Үг | Дуудлага | Үг | 발음 |
| Огноо | 어그너 | 일/날/낮 | il/nal/nad |
| Өнөөдөр/одоо | 오노:드르 | 오늘/지금 | oneul/jigeum |
| Өчигдөр | 오치그드르 | 어제 | eoje |
| Маргааш | 마르가쉬 | 내일 | nae'il |
| Өглөө/үдээс өмнө | 오그로/우데스 우믄 | 아침/오전 | achim/ojeon |
| Өдөр/үд | 우드르/우드 | 점심/정오 | jeomsim/jeong'o |
| Үдээс хойш | 우데스 허이쉬 | 오후 | ohu |
| Орой/шөнө | 어러이/슌 | 저녁/밤 | jeonyeok/bam |
| Өчигдөө | 오치그도르 | 그저께 | geujeokke |
| Нөгөөдөр | 누그드르 | 모레 | more |
| Өдөр бүр | 우드르 부르 | 매일 | mae'il |
| Шөнө дунд | 슌 돈드 | 자정 | jajeong |
| Сар | 사르 | 달/월 | dal/wol |
| Жил | 찔 | 년 | nyeon |
| 10 жил | 아르방 찔 | 10년 | simnyeon |
| Зуун | 종 | 세기 | segi |

Цаг хугацаа

- Миний төрсөн өдөр 1980 оны 7 сарын 28-ний өдөр.
  미니 투르승 우드르 미양가내만어니 덜런사링 허린냄니 우드르.

  제 생일은 1980년 7월 28일 이에요.
  je saengil'eun chengubaekpalsibnyeon chilweol isibpal'il'iyeyo.

- Өнөөдөр хэд дэх өдөр вэ?
  오노:드르 헤드 데흐 우드르 웨?

  오늘은 며칠이에요?
  oneuleun mychil'i'eyo?

- Өнөөдөр 2 сарын 1-ний өдөр..
  오노:드르 허요르 사링 넥니 우드르.

  오늘은 2월1일입니다.
  oneul'eun iwol'il'il'imnida.

## 5. 주: Долоо хоног

| Монгол хэл: 몽골어 | | 한국어: Солонгос хэл | |
|---|---|---|---|
| Үг | Дуудлага | 단어 | 발음 |
| Долоо хоног | 덜러 허넉 | 주 | ju |
| Даваа гариг | 다와 가릭 | 월요일 | wolyo'il |
| Мягмар гариг | 먀그마르 가릭 | 화요일 | hoayo'il |
| Лхагва гариг | 사그와 가릭 | 수요일 | suyo'il |
| Пүрэв гариг | 푸렙 가릭 | 목요일 | mogyo'il |
| Баасан гариг | 바상 가릭 | 금요일 | geumyo'il |
| Бямба гариг | 뱜바 가릭 | 토요일 | toyo'il |
| Ням гариг | 냠 가릭 | 일요일 | ilyo'il |
| Энэ ням гариг | 엔 냠 가릭 | 이번 일요일 | ibeon ilyo'il |
| Өнгөрсөн баасан гариг | 응고르승 바상 가릭 | 지난 금요일 | jinan geumyo'il |

# 시간

| Энэ долоо хоног 엔 덜러 허넉 | 이번 주 | ibeon ju |
|---|---|---|
| | 지난 주 | jinan ju |
| | 다음 주 | da-eum ju |
| | 일주일 | ilju'il |
| | 첫째 주 | cheotjjae ju |
| | 마지막 주 | majimak ju |
| | 매 주 | mae ju |

 보기

- Өчигдөр лхагва гариг байсан.
  **오치그드르 사그와 가릭 배상.**
  어제는 수요일이었어요.
  eojeneun suyo'il'i'eosseoyo.

- Би дараагийн долоо хоногт Монголруу явна.
  **비 다라깅 덜러 허넉트 몽골 로 야우나.**
  저는 다음 주에 몽골에 가요.
  jeoneun da'eum ju'e pillipin'e gayo

- Өдөр нь халуун, шөнө нь хүйтэн. .
  **우드른 할롱, 슌 은 후이틍,**
  낮에 덥고 밤에 추워요.
  naj'e deobgo bam'e chuwoyo.

## 6.월: Сар

| Монгол хэл: 몽골어 | | 한국어: Солонгос хэл | |
|---|---|---|---|
| Үг | Дуудлага | 단어 | 발음 |
| Нэгдүгээр сар | 네그두게르 사르 | 일월 | ilwol |

Цаг хугацаа

| | | | |
|---|---|---|---|
| Хоёрдугаар сар | 허여르도가르 사르 | 이월 | iwol |
| Гуравдугаар сар | 고라브도가르 사르 | 삼월 | samwol |
| Дөрөвдүгээр сар | 도르브두게르 사르 | 사월 | sawol |
| Тавдугаар сар | 타우도가르 사르 | 오월 | owol |
| Зургаадугаар сар | 조르가도가르 사르 | 육월 | yukwol |
| Долоодугаар сар | 덜러도가르 사르 | 칠월 | chilwol |
| Наймдугаар сар | 나임도가르 사르 | 팔월 | palwol |
| Есдүгээр сар | 유스두게르 사르 | 구월 | guwol |
| Аравдугаар сар | 아라브도가르 사르 | 십월 | sibwol |
| Арваннэгдүгээр сар | 아르방네그두게르 사르 | 십일월 | sibilwol |
| Арванхоёрдугаар сар | 아르방허여르도가르 사르 | 십이월 | sibiwol |

● Би зургаадугаар сард Монгол руу буцаж явна.
**비 조르가도가르 사르드 몽골 로 보차찌 야우나.**
저는 육월에 몽골에 돌아 갑니다.
jeoneun yukwol'e pilipin'e dol'a gamnida

## 7. 일, 월, 년: өдөр, сар, жил

| Монгол хэл: 몽골어 | |한국어: Солонгос хэл | |
|---|---|---|---|
| Үг | Дуудлага | 단어 | 발음 |
| Ирэх жил | 이레흐 찔 | 내년 | naenyeon |
| Дараа жил | 다라 찔 | 작년 | jaknyeon |
| Нэг жилийн өмнө | 네그 질링 오믄 | 일년전 | ilnyeonjeon |

# 시간

| | | | |
|---|---|---|---|
| Гурван жилийн өмнө | 고르방 질링 오믄 | 삼년전 | samnyeonjeon |
| Хоёр жилийн дараа | 허여르 질링 다라 | 이년후 | inyeonhu |
| Дөрвөн жилийн дараа | 도르븡 질링 다라 | 사년후 | sanyeonhu |
| Өдөр | 우드르 | 하루 | haru |
| Хоёр өдөр | 허여르 우드르 | 이틀 | iteul |
| Өдөр бүр | 우드르 부르 | 매일 | mae'il |
| Дөрвөн сар | 도르븡 사르 | 네달/사개월 | nedal/sagaewol |
| Таван сар | 타왕 사르 | 다섯달/오개월 | daseotdal/ogaewol |
| Сар бүр | 사르 부르 | 매월 | maewol |
| Долоон жил | 덜렁 질 | 칠년 | chilnyeon |
| Найман жил | 나이망 질 | 팔년 | palnyeon |
| Жил бүр | 질 부르 | 매년 | maenyeon |

● Би 10 сарын 5-ний өдөр Солонгост байсан
비 아르방 사릉 타우니 우드르 설렁거스트 배상.
저는 10월5일 한국에 있었어요.
jeoneun sibwol'o'il hangug'e isseosseoyo

# IV. НАС : 나이

| Монгол хэл: 몽골어 | | 한국어: Солонгос хэл | |
|---|---|---|---|
| Үг | Дуудлага | 단어 | 발음 |
| Нас | 나스 | 살, 나이, 연세 | sal, nai, yeonse |
| Нэг нас | 넥 나스 | 한살 | hansal |
| Хоёр нас | 허요르 나스 | 두 살 | du sal |
| Гурван нас | 고르왕 나스 | 세 살 | se sal |
| Дөрвөн нас | 두르붕 나스 | 네 살 | ne sal |
| Арван нас | 아르왕 나스 | 열 살 | yeol sal |
| Арван таван нас | 아르왕 타왕 나스 | 열다섯 살 | yeol daseotsal |
| Хорин нас | 허링 나스 | 스무 살 | seumu sal |
| Хорин зургаан нас | 허링 조르강 나스 | 스물여섯 살 | seumul yeoseot sal |
| Гучин нас | 고칭 나스 | 서른 살 | seoreun sal |
| Гучин найман нас | 고칭 내망 나스 | 서른여덟 살 | seoreun yeodeol sal |
| Дөчин нас | 두칭 나스 | 마흔 살 | maheun sal |
| Дөчин есөн нас | 두칭 유승 나스 | 마흔 아홉 살 | maheun ahob sal |
| Тавин нас | 태윙 나스 | 쉰 살 | swin sal |
| Жаран нас | 짜랑 나스 | 예순 살 | yesun sal |
| Далан нас | 달랑 나스 | 일흔 살 | ilheun sal |
| Наян нас | 나양 나스 | 여든 살 | yeodeun sal |
| Ерэн нас | 유릉 나스 | 아흔 살 | aheun sal |
| Зуун нас | 종 나스 | 백 살 | baek sal |

НАС

- Хэдэн настай вэ?
  **혜텡 나스태 웨?**
  몇 살입니까?
  myeot sal'imnikka?

- Хорин нэгэн настай.
  **허링 네겡 나스태.**
  스물 네 살이에요.
  seumul ne sal'i'eyo.

- Тэр хүүхдийн нас нь дөнгөж тав.
  **테르 후흐딩 나슨 둥그찌 타우.**
  그 아기의 나이는 겨우 닷새이다.
  Geu agi'ui naineun gyeo'u datsae'ida.

나이

# V ӨНГӨ: 색

| Монгол хэл: 몽골어 | | 한국어: Солонгос хэл | |
|---|---|---|---|
| Үг | Дуудлага | 단어 | 발음 |
| Улаан өнгө | 올랑: 옹고 | 빨간 색 | bbalgan saeg |
| Цагаан өнгө | 차강 옹고 | 하얀 색 | hayan saeg |
| Хөх цэнхэр өнгө | 후흐 쳉헤르 옹고 | 하늘 색 | haneul saeg |
| Хөх өнгө | 후흐 옹고 | 파란 색 | paran saeg |
| Ногоон өнгө | 너겅 옹고 | 초록색 | chorok saeg |
| Хар өнгө | 하르 옹고 | 검정색 | geomjeong saeg |
| Хүрэн өнгө | 후렝 옹고 | 갈색 | galsaeg |
| Саарал өнгө | 사:랄 옹고 | 회색 | hoisaeg |
| Шар өнгө | 샤르 옹고 | 노란 색 | noran saeg |
| Ягаан өнгө | 야강 옹고 | 보라색 | borasaeg |
| Хөх өнгө | 후흐 옹고 | 남색 | namsaeg |
| Улаан шар өнгө | 올랑 샤르 옹고 | 주황색 | juhwangsaeg |
| Шар ногоон өнгө | 샤르 너겅 옹고 | 연두색 | yeondusaeg |
| Гэрэлтэй өнгө | 게렐테이 옹고 | 밝은 색 | balg'eun saeg |
| Зөөлөн өнгө | 졸:롱 옹고 | 연한 색 | yeonhan saeg |
| Тод өнгө | 터드 옹고 | 짙은 색 | jit'eun saeg |

색깔

- Энэ өнгө ямар өнгө вэ?
  **엔 옹고 야마르 옹고 웨?**
  이 색은 무슨 색이에요?
  i saeg'eun museun saeg'iyeyo?

- Энэ өнгийг Солонгос хэлээр юу гэдэг вэ?
  **엥 옹기그 설렁거스 헬레르 요 게데그 웨?**
  이 색은 한국어로 뭐예요?
  i saeg'eun hangug'eoro mwoyeyo?

- Бидний хувцас хар бараан.
  **비드니 홉차스 하르 바랑.**
  저의 옷은 검어요.
  jeo'ui oseun geom'eoyo.

# VI. Мэдрэмжийн тухай тэмдэг үйл үгнүүд
## 감각에 관한 형용사들

| Монгол хэл: 몽골어 | |한국어: Солонгос хэл | |
|---|---|---|---|
| Үг | Дуудлага | 단어 | 발음 |
| Гашуун байна | 가šун바인 | 써요 | sseoyo |
| Халуун байна | 할롱 바인 | 매워요 | maewoyo |
| Чихэрлэг байна | 치헤르лэг 바인 | 달아요 | dal'ayo |
| Анхилуун байна | 앙히롱 바인 | 고소해요 | gosohaeyo |
| Исгэлэн байна | 이스гэлэн 바인 | 셔요 | syeoyo |
| Сулбагар байна | 솔바가르 바인 | 싱거워요 | singgeowoyo |
| Гашуун байна | 가šун 바인 | 짜요 | jjayo |
| Халуун байна | 할롱 바인 | 뜨거워요 | ddeugeo woyo |
| Сэрүүн байна | 세룡 바인 | 시원해요 | siwonhaeyo |
| Хүйтэн байна | 후이틍 바인 | 추워요 | chuwoyo |
| Дулаан байна | 돌랑 바인 | 따뜻해요 | ddaddeuthaeyo |
| Халтиргаатай байна | 할티르가태 바인 | 미끌미끌해요 | mikkeulmikkeul haeyo |
| Өлсөж байна | 올소지 바인 | 배 고파요 | bae gopayo |
| Цатгалан байна | 차트갈랑 바인 | 배 불러요 | bae bulreoyo |
| Ядарч байна | 야다르치 바인 | 피곤해요 | pigonhaeyo |
| Цангаж байна | 창가지 바인 | 목 말라요 | mog mallayo |
| Хүнд байна | 훈드 밴 | 무거워요 | mugeowoyo |
| Нойр хүрч байна | 너이르 후르치 바인 | 졸려요 | jollyeoyo |
| Хөнгөхөн байна | 홍고홍 바인 | 가벼워요 | gabyeowoyo |

## Мэдрэмжийн тухай төмдэг үйл үгнүүд

| Монгол | Галиглал | Солонгос | Romanization |
|---|---|---|---|
| Баяртай байна | 바야르타이 바인 | 기뻐요 | gibbeoyo |
| Гунигтай байна | 고니그테이 바인 | 슬퍼요 | seulpeoyo |
| Аз жаргалтай байна | 아쯔 자르갈타이 바인 | 행복해요 | haengboghaeyo |
| Золгүй байна | 절구이 바인 | 불행해요 | bulhaenghaeyo |
| Таатай байна | 타태 바인 | 편해요 | pyeonhaeyo |
| Таагүй байна | 타구이 바인 | 불편해요 | bulpyeonhaeyo |
| Бөөлжмөөр байна | 볼찌모르 바인 | 토하고 싶어요 | tohago sipeoyo |
| Өвдөж байна | 옵도찌 바인 | 아파요 | apayo |
| Зөөлөн байна | 졸롱 바인 | 부드러워요 | budeureowoyo |
| Хатуу байна | 하토 바인 | 딱딱해요 | Ddagddaghaeyo |
| Зөөлөн байна | 졸롱 바인 | 말랑말랑해요 | mallangmallanghaeyo |
| Загатнаж байна | 자가트나지 바인 | 간지러워요 | ganjireowoyo |
| Сандарч байна | 상다르치 바인 | 초조해요 | Chojohaeyo |
| Санаа зовж байна | 사나 저우지 바인 | 걱정해요 | geogjeonghaeyo |

형용사

# VII. ЧИГЛЭЛ: 방향

| Монгол хэл: 몽골어 | | 한국어: Солонгос хэл | |
|---|---|---|---|
| Үг | Дуудлага | 단어 | 발음 |
| Зүүн зүг | 중 죽 | 동쪽 | dongjjog |
| Баруун зүг | 바롱 죽 | 서쪽 | seojjog |
| Урд зүг | 오르드 죽 | 남쪽 | namjjog |
| Хойд зүг | 허이드 죽 | 북쪽 | bugjjog |
| Дээр | 데르 | 위 | wi |
| Доор | 더르 | 아래, 밑 | arae, mit |
| Өмнө | 오믄 | 앞 | ap |
| Хойно | 허이너 | 뒤 | dwi |
| Баруун тал | 바롱 탈 | 오른 쪽 | oreunjjog |
| Зүүн тал | 중 탈 | 왼쪽 | oenjjog |
| Хажуу тал | 하쪼 탈 | 옆 | yeop |
| Дотор тал | 더터르 탈 | 안 | an |
| Гадна тал | 가든 탈 | 밖 | bakk |
| Төв, гол | 툽, 걸 | 중앙 | jung'ang |
| Чигээрээ | 치게:레 | 똑바로 | ddogbaro |

- Чигээрээ яваарай.
  치게:레 야와라이.
  똑바로 가세요.
  ddogbaro gaseyo.

### ЧИГЛЭЛ

- Телевизорын дээд талд цэцгийн ваар байгаа.
  텔레위저링 데드 탈드 체치깅 와르 바이가..

  텔레비전 위에 꽃병이 있어요
  telebijeon wi'e kkotbyeong'i isseoyo.

방향

## Хэмжих нэгж : 측정 단위

| Монгол хэл: 몽골어 | | 한국어: Солонгос хэл | |
|---|---|---|---|
| Үг | Дуудлага | 단어 | 발음 |
| Урт | 오르트 | 길이 | gil'i |
| Өргөн | 오르공 | 넓이 | neolb'i |
| Өндөр | 운드르 | 키 | ki |
| Өндөр | 운드르 | 높이 | nop'i |
| Хүнд | 훈드 | 무게 | muge |
| Мөнгө | 뭉그 | 화폐 | hwapye |
| Доллар | 덜라르 | 달러 | dalleo |
| Үнэ | 운 | 돈 | don |
| Градус | 그라도스 | 도 | do |
| Дулаан | 돌랑: | 온도 | ondo |
| Миллиметр | 밀리메트르 | 밀리미터 | millimiteo |
| Сантиметр | 상티메트르 | 센티미터 | sentimiteo |
| Метр | 메트르 | 미터 | miteo |
| Километр | 키로메트르 | 킬로미터 | kilomiteo |
| Милл | 밀 | 마일 | ma'il |
| Пит | 피트 | 피트 | piteu |
| Литр | 리트르 | 리터 | riteo |

| | | | |
|---|---|---|---|
| Милллитр | 밀리트르 | 밀리리터 | milliliteo |
| Грамм | 그람 | 그램 | geuraem |
| Кило | 키로 | 키로 | kiro |
| Тонн | 턴 | 톤 | ton |
| Чийгшил | 치그쉴 | 습도 | seupdo |
| Нэмэх 5 градус | 네메호 타우 그라도스 | 영상 5도 | yeongsang odo |
| Хасах 5 градус | 하사호 타우 그라도스 | 영하 5도 | yeongha odo |
| Унц | 온치 | 온스 | onseu |
| Паунд | 파온드 | 파운드 | paundeu |
| Хагас | 하가스 | 반 | ban |
| Галлон | 갈렁 | 갈론 | gallon |
| Үнэ | 운 | 가격 | gagyeog |

- Сармис 1 кило нь ямар үнэтэй вэ ?
  **사르미스 넥네그킬론 야마르 운테이 웨?**
  마늘 일 킬로에 얼마예요?
  maneul il kilro'e eolmayeyo?

- Чихэр нэг кило өгнө үү.
  **치헤르 네그 키로 오그누.**
  설탕 일 키로 주세요.
  seoltang il kiro juseyo.

- Үнэ нь тохирсон юм байна.
  **운은 터히르성 욤 밴.**
  가격이 적당하군요.

# БИЕ МАХБОД: 신체

| Монгол хэл: 몽골어 | | 한국어: Солонгос хэл | |
|---|---|---|---|
| Үг | Дуудлага | 단어 | 발음 |
| Толгой | 털거이 | 머리 | meori |
| Үс | 우스 | 머리카락 | meorizarag |
| Нүд | 누드 | 눈 | nun |
| Чих | 치흐 | 귀 | gwi |
| Ам | 암 | 입 | ib |
| Уруул | 오롤 | 입술 | ibsul |
| Хамар | 하마르 | 코 | ko |
| Шүд | 슈드 | 이 | i |
| Хэл | 헬 | 혀 | hyeo |
| Хоолой | 허러이 | 목 | mog |
| Мөр | 무르 | 어깨 | eokkae |
| Цээж | 체:지 | 가슴 | gaseum |
| Гар хуруу | 가르 호로 | 손 | son |
| Гар шуу | 가르 쇼: | 팔 | pal |
| Гарын хуруу | 가링 호로 | 손가락 | songarag |
| Бугуй | 보고이 | 손목 | sonmog |
| Хөл | 홀 | 다리 | dari |
| Хөлийн ул | 홀링 올 | 발바닥 | balbadag |

## БИЕ МАХБОД

| | | | |
|---|---|---|---|
| Хөлийн хуруу | 홀링 호로: | 발가락 | balgarag |
| Хөлийн шагай | 홀링 샤가이 | 발목 | balmog |
| Яс | 야스 | 뼈 | bbyeo |
| Нурууны яс | 노로:니 야스 | 등뼈 | deungbbyeo |
| Нуруу | 노로: | 등 | deung |
| Бэлхүүс | 벨후:스 | 허리 | heori |
| Цус | 초스 | 피 | pi |
| Гэдэс | 게데스 | 배 | bae |
| Ходоод | 허더:드 | 위 | wi |
| Бүдүүн гэдэс | 부둥:게데스 | 대장 | daejang |
| Уушиг | 오오쉬그 | 폐 | pye |
| Зүрх | 주르흐 | 심장 | simjang |
| Элэг | 에레그 | 간 | gan |
| Өвдөг | 옵독 | 무릎 | mureup |
| Нүүр | 누:르 | 얼굴 | eolgul |
| Эрхийхуруу | 에르히 호로: | 엄지손가락 | eomjisongarag |

신체

- Нүд нь маш хөөрхөн.
  **누든 마쉬 호르홍.**
  눈이 매우 예뻐요.
  nuni mae'u yebbeoyo.

- Аавынхаа хамрын дуурайсан.
  **아아빙하 하므링 도래상.**
  아빠 코를 닮았이요.
  abba koreul dalmasseoyo.

# ӨВЧНИЙ НЭР БА ЭМ:
## 병명과 약

| Монгол хэл: 몽골어 | | 한국어: Солонгос хэл | |
|---|---|---|---|
| Үг | Дуудлага | 단어 | 발음 |
| Өвчин | 오브칭 | 병 | byeong |
| Ханиад | 하니아드 | 감기 | gamgi |
| Ханиалга | 하니알가 | 기침 | gichim |
| Халуун | 할롱 | 열 | yeol |
| Биеийн чилээ | 비엔 치레 | 몸살 | momsal |
| Толгой өвдөлт | 털거이 옵돌트 | 두통 | dutong |
| Идээлэх, буглах | 이데레흐, 보그라흐 | 화농 | hwanong |
| Гэдэс өвдөх | 게데스 오브도흐 | 위통 | witong |
| Гүйлгэх | 구일게흐 | 설사 | seolsa |
| Өтгөн хатах | 오트공 하타흐 | 변비 | byeonbi |
| Зүрхний өвчин | 주르흐니 옵칭 | 심장병 | simjangbyeong |
| Хоол боловсруулалт муудах | 헐 벌럽스도랄트 모다흐 | 소화불량 | sohwabullyang |
| Элэгний үрэвсэл | 에레그니 우렙셀 | 간염 | ganyeom |
| Үе мөчний өвчин | 우이 모치니 오브칭 | 관절염 | gwanjeolyeom |
| Өмөн үү | 우'믄 우 | 암 | am |
| Цусны даралт ихсэх | 초스니 다랄트 이흐세흐 | 고혈압 | gohyeol'ap |
| Сүрьее | 수르 | 결핵 | gyeolhaeg |
| Нойргүйдэх | 너이르구이데흐 | 불면증 | bulmyeonjeung |

# ӨВЧНИЙ НЭР БА ЭМ

| Арьсны өвчин | 아르스니 오브칭 | 피부병 | pibubyeong |
| --- | --- | --- | --- |
| Чихрийн шижин | 치흐링 쉬찡 | 당뇨 | dangnyo |
| Элэгний өвчин | 에레그니 오브칭 | 간질 | ganjil |
| Мэдрэлийн өвчин | 메드레링 오브칭 | 정신병 | jeongsinbyeong |
| Жирэмсэн | 지렘셍 | 임신 | imsin |
| Түлэгдэлт | 투레그델트 | 화상 | hwasang |
| Осол | 어설 | 사고 | sago |
| Ясны хугарал | 야스니 호가랄 | 골절 | goljeol |
| Биеийн халуун | 비엔 할룽 | 체온 | che'on |
| Цусны бүлэг | 초스니 부레그 | 혈액형 | hyeolaekhyeong |
| Шарх | 샤르흐 | 상처 | sangcheo |
| Эм | 엠 | 약 | yag |
| Хүнд өвчин | 훈드 오브칭 | 중병 | jungbyeong |
| Эмнэлэг | 엠네레그 | 병원 | byeongwon |
| Эмийн сан | 에밍 상 | 약국 | yaggug |
| Өвчтөн | 옵치틍 | 환자 | hwanja |
| Хавдар | 합다르 | 종양 | jongyang |
| Сувилагч | 소위라그치 | 간호사 | ganhosa |
| Эмч | 엠치 | 의사 | uisa |
| Эмчийн үзлэг | 엠친 우쯔레그 | 진찰 | jinchal |
| Эмийн жор | 에밍 저르 | 처방 | cheobang |
| Усан эм | 오상 엠 | 물약 | mulyag |
| Үрлэн эм | 우르렝 엠 | 알약 | alyag |
| Эмчилгээ | 엠칠게 | 치료 | chiryo |

병명과 약

## 병명과 약

| | | | |
|---|---|---|---|
| Тариа | 타리아 | 주사 | jusa |
| Мэс засал | 메스 자살 | 수술 | susul |
| Нунтаг эм | 농타그 엠 | 가루약 | garuyag |
| Ханиадны эм | 하니아드니 엠 | 감기약 | gamgiyag |
| Халууны эм | 할로:니 엠 | 해열제 | haeyeolje |
| Зүрх сэргээх эм | 주르흐 세르게흐 엠 | 강심제 | gangsimje |
| Толгойн эм | 털거잉 엠 | 두통약 | dutonghag |
| Өтгөн хаталтын эм | 오트공 하탈팅 엠 | 변비약 | byeonbiyag |
| Гэдэгс гүйлгэхэд уух эм | 게데그스 구일게헤드 오흐 엠 | 설사약 | seolsayag |
| Антибиотик | 앙티비어티크 | 항생제 | hangsaengje |
| Өвчин намдаагч эм | 옵칭 남다그치 엠 | 진통제 | jintongje |
| Жирэмслэлтээс сэргийлэх эм | 찌렘스렐게스 세르기레흐 엠 | 피임약 | pi-imyag |
| Нойрсуулах эм | 너이르소라흐 엠 | 수면제 | sumyeonje |
| Витамин | 위타밍 | 비타민 | bitamin |
| Тамир сэргээх эм | 타미르 세르게흐 엠 | 보약 | boyag |
| Ходоодны эм | 허더드니 엠 | 위장약 | wijangyag |
| Хоол шингээх эм | 헐 쉰게흐 엠 | 소화제 | sohwaje |
| Хоолны өмнө | 헐니 우믄 | 식전 | sigjeon |
| Хоолны дараа | 헐니 다라 | 식후 | sighu |
| Өдөрт 3 удаа | 우드르트 고랍 오다 | 하루 세번 | haru sebeon |
| Эмнэлэгт хэвтэх | 엠네레그트 헵테흐 | 입원 | ibwon |
| Эмнэлгээс гарах | 엠넬게스 가라흐 | 퇴원 | toewon |

## ӨВЧНИЙ НЭР БА ЭМ

- Өмчин намдаах эм өгнө үү.
  오브칭 남다흐 엠 우근 우.

  진통제를 주세요.
  jintongjereul juseyo.

- Жирэмлэлтээс хамгаалах эм ууж байна.
  찌렘렐테스 함가라흐 엠 오오지 바인.

  피임약을 먹고 있어요.
  piimyag'eul meokgo isseoyo.

# ТЭЭВРИЙН ХЭРЭГСЭЛ БА ГАЗАР
## 교통수단과 장소

| Монгол хэл: 몽골어 | | 한국어: Солонгос хэл | |
|---|---|---|---|
| Үг | Дуудлага | 단어 | 발음 |
| Шуудан | 쇼:당 | 우체국 | uchegug |
| Банк | 방크 | 은행 | eunhaeng |
| Эмнэлэг | 엠네레그 | 병원 | byeongwon |
| Сургууль | 소르골: | 학교 | haggyo |
| Зах | 자흐 | 시장 | sijang |
| Их сургууль | 이흐 소르골: | 대학교 | daehaggyo |
| Цэцэрлэгт хүрээлэн | 체체르레그트 후레:렝 | 공원 | gongwon |
| Шатахуун түгээх газар | 샤타훙 투게흐 가자르 | 주유소 | juyuso |
| Автобус | 압터보스 | 버스 | beosseu |
| Такси | 탁시 | 택시 | taegsi |
| Унадаг дугуй | 오나다그 도고이 | 자전거 | jajeongeo |
| Метроны буудал | 메트러니 보달 | 지하철 역 | jigacheol yeog |
| Морин тэрэг | 머링 테레그 | 마차 | macha |
| Автобусны буудал | 압터보스니 보달 | 버스 정류장 | beoseu jeongryujang |
| Шүүх | 슈흐 | 법원 | beobwon |
| Цагдаагийн газар | 차그다깅 가자르 | 경찰서 | gyeongchalseo |
| Цагдаагийн хэлтэс | 차그다깅 헬테스 | 파출소 | pachulso |
| Хэрэм | 헤렘 | 성 | seong |
| Хотын захиргаа | 허팅 자히르가: | 시청 | sicheong |

# ТЭЭВРИЙН ХЭРЭГСЭЛ БА ГАЗАР

| | | | |
|---|---|---|---|
| Хорооны захиргаа | 허러니 자히르가: | 동사무소 | dongsamuso |
| Супермаркет | 소페르마르케트 | 슈퍼마켓 | syupeomaket |
| Мотоцикл | 머터치클 | 오토바이 | otoba'i |
| Онгоц | 엉거츠 | 비행기 | bihaenggi |
| Онгоцны буудал | 엉거츠니 보:달 | 공항 | gonghang |
| Буудал | 보:달 | 역 | yeog |
| Хурдны автобусны терминал | 호르드니 압터보스니 테르미날 | 고속버스 터미널 | gosokbeoseu teominal |
| Орон нутгийн тээврийн товчоо | 어렁 노트깅 테우링 터브처 | 시외버스 터미널 | si'oebeoseu teominal |
| Жуулчны тээврийн товчоо | 쭐치니 테우링 터브처 | 여객선 터미널 | yeogakseon teominal |
| Усан онгоц | 오상 엉거츠 | 배 | bae |
| Татварын газар | 타트와링 가자르 | 세무서 | semuseo |
| Öàãààð÷èëèñí Àëáà | 차가칠랄링 알브 | 출입국관리사무소 | chulibgukgwanrisamuso |
| Гаалийн газар | 가링 가자르 | 세관 | segwan |
| Нэвтрүүлэг эрхлэх газар | 넵트뤁레그 에르흐레호 가자르 | 방송국 | bangsongguk |
| Сонины газар | 서니니 가자르 | 신문사 | sinmunsa |
| Хэвлэлийн газар | 헤우레링 가자르 | 출판사 | chulpansa |
| Гал команд | 갈 커망드 | 소방서 | sobangseo |
| Сүм | 숨 | 교회 | gyohoe |
| Гэрлэлтийнмэдээллийн газар | 게르렐팅 메델링 가자르 | 결혼정보회사 | gyeolhonjeongbohoesa |
| Театр | 테아트르 | 극상 | geugjang |

## 교통수단과 장소

| | | | |
|---|---|---|---|
| Өнчин хүүхэд асрах газар | 옹칭 후헤드 아스라흐 가자르 | 고아원 | go'awon |
| Компани | 컴파니 | 회사 | Hwesa |
| Элчин сайдын яам | 엘칭 사이딩 얌 | 대사관 | Daesagwan |
| Консулын хэлтэс | 컨소링 헬테스 | 영사관 | Yeongsagwan |
| Биеийн тамирын талбай | 비엔 타미링 탈바이 | 운동장 | Undongjang |
| Хүүхдийн цэцэрлэг | 후흐딩 체체르레그 | 유치원 | Yuchiwon |
| Бага сургууль | 바가 소르골: | 초등학교 | Chodeunghakgyo |
| Дунд сургууль Ахлах сургууль | 돈드 소르골: 아흐라흐 소르골: | 중학교 | Junghakgyo |
| | | 고등학교 | Godeunghakgyo |
| Хөл хорих газар | 홀 허리흐 가자르 | 검역소 | Geomyeogso |
| Даатгалын компани | 다트가링 컴파니 | 보험사 | Boheomsa |
| Номын дэлгүүр | 너밍 델구:르 | 서점 | Seojeom |
| Хувцасны дэлгүүр | 홉차스니 델구르 | 옷 가게 | ot gage |
| Дэлгүүр, мухлаг | 델구르, 모흐라그 | 가게, 매점 | gage, maejeom |
| Бичиг хэрэгслийн дэлгүүр | 비치그 헤레그스링 델구르 | 문구점 | Mungujeom |
| Хоолны газар | 헐니 가자르 | 식당 | Sikdang |
| Тооцооны газар | 터:처:니 가자르 | 계산서 | Gyesanseo |
| Цэцгийн дэлгүүр | 체치깅 델구르 | 꽃집 | ggotjib |
| Үсчин | 우스칭 | 미용실 | miyongsil |
| Гоо сайхны барааны дэлгүүр | 거 새흐니 바라:니 델구:르 | 화장품 가게 | hwajangpum gage |
| Эмэгтэйчүүдийн эмнэлэг | 에메그테추딩 엠네레그 | 산부인과 | sanbu'in'gwa |

| Аялал жуулчлалын компани | 아야랄 졸:치랄링 컴파니 | 여행사 | yeohangsa |
| --- | --- | --- | --- |
| Зочид буудал | 저치드 보달 | 호텔 | hotel |
| Зам дагуух зочид буудал | 잠 다고흐 저치드 보달 | 모텔 | motel |
| Хоноглох байр | 허너그러흐 바이르 | 여관 | yeogwan |
| Билет худалдах газар | 비레트 호달다흐 가자르 | 매표소 | maepyoso |
| Жимсний дэлгүүр | 짐스니 델구:르 | 과일 가게 | gwail gage |
| Нарийн боовны дэлгүүр | 나링 버우니 델구:르 | 빵집 | bbangjib |
| Ваар | 와르 | 술집/바 | suljib/ba |
| Зам дагуух хоолны мухлаг | 잠 다고흐 헐니 모호라그 | 포장마차 | |
| Амрах газар | 아므라흐 가자르 | 휴게소 | hyugeso |
| Хотын төв | 허팅 톱 | 시내 | sinae |

● Танай сургууль хаана байдаг вэ?
**타나이 소르골: 한: 바이다그 웨?**

당신의 학교는 어디예요?
dangsin'ui haggyoneun eodiyeyo?

● Нарийн боовны дэлгүүр хаана байдаг вэ?
**나링 버:브니 델구:르 한: 바이다그 웨?**

빵집에 어떻게 가요?
bbangjib'e eoddeotke gayo?

● Би элчин сайдын яаманд галт тэргээр ирсэн.
**비 엘칭 사이딩 야망드 갈트 테르게르 이르셍.**

저는 대사관에 기자로 왔어요.
jeoneun daesagwan'e gicharo wasseoyo.

# XII. ГЭР АХУЙ, АМЖИРГАА
## 살림살이

| Монгол хэл: 몽골어 | | 한국어: Солонгос хэл | |
|---|---|---|---|
| Үг | Дуудлага | 단어 | 발음 |
| Хоолны газар | хөл:ни газар | 식당 | sikdang |
| Өглөөний хоол | оглөөни хөл: | 아침 밥 | achim bab |
| Өдрийн хоол | удрийн хөл: | 점심 밥 | jeomsim bab |
| Оройн хоол | орөйн хөл: | 저녁 밥 | jeonyeok bab |
| Хоолны хачир | хөл:ни хачир | 반찬 | banchan |
| Хоол | хөл: | 음식 | eumsig |
| Цэс | чэс | 메뉴 | menyu |
| Хоол | хөл: | 밥 | bab |
| Шөл | шөл | 국 | gug |
| Будаа | бодаа | 쌀 | ssal |
| Тос | тос | 기름 | gireum |
| Давс | даус, | 소금 | sogeum |
| Чихэр | чихэр | 설탕 | Seoltang |
| Халуун чинжүү | халуун: чинжуу: | 고추 | Gochoo |
| Перец | перечи | 후추 | Huchu |
| Ì¸ёò Загасны тос | мэлчизагасни тос | 멸치젓 | Myeolchijeot |
| Хар цуу | хар чо | 간장 | ganjang |
| Талх, нарийн боов | талх, наринг бөу | 빵 | bbang |
| Гоймон | гойменг | 라면 | ramyeon |
| Мах | мах | 고기 | gogi |
| Үхрийн мах | ухринг мах | 소고기 | sogogi |

## ГЭР АХУЙ, АМЬЖИРГАА

| Гахайн мах | 가하잉 마흐 | 돼지고기 | dwaejigogi |
|---|---|---|---|
| Тахианы мах | 타히아니 마흐 | 닭고기 | Daggogi |
| Сосиска | 서시스카 | 소시지 | Sosiji |
| Загасан бүтээгдэхүүн | 자가상 부테그데훙 | 생선 | Saengseon |
| Түүхий загас | 투히 자가스 | 회 | Hoe |
| Өндөг | 운드그 | 계란 | Gyeran |
| Ногоо | 너거: | 야채 | Yachae |
| Улаан лооль | 올랑 럴 | 토마토 | Tomato |
| Гугума (чихэрлэг төмс) | 고구마 | 고구마 | Goguma |
| Төмс | 투무스 | 감자 | Gamja |
| Бөөрөнхий сонгино | 부:릉히 성긴 | 양파 | Yangpa |
| Цагаан манжин | 차강 망찡 | 무 | Mu |
| Сармис | 사르미스 | 마늘 | Maneul |
| Салатны навч | 사라트니 납치 | 상추 | Sangchoo |
| Самар | 사마르 | 땅콩 | Ddangkong |
| Жимс | 찜스 | 과일 | gwail |
| Усан үзэм | 오상 우젬 | 포도 | podo |
| Алим | 알림 | 사과 | sagwa |
| Лийр | 리르 | 배 | bae |
| Байцаа | 배차 | 배추 | baechoo |
| Тарвас | 타르와스 | 수박 | subag |
| Банан | 바낭 | 바나나 | banana |
| Жүрж | 주르지 | 오렌지 | orenji |
| Архи, усан үзэмний дарс | 아르히, 오상 우젬니 다르스 | 술, 포도주 | sul, podoju |

살림살이

## 살림살이

| | | | |
|---|---|---|---|
| Виски | 위스키 | 위스키 | wiseuki |
| Шар айраг | 샤르 아이라그 | 맥주 | maegju |
| Жүүс | 쭈스 | 쥬스 | jyuseu |
| Сүү | 수 | 우유 | uyu |
| Кофе | 커페 | 커피 | keopi |
| Хундага | 혼다가 | 잔 | jan |
| Таваг | 타와그 | 그릇 | geureut |
| Савх | 사우흐 | 젓가락 | jeoygarag |
| Халбага | 할바가 | 숟가락 | sutgarak |
| Будаа агшаагч | 보다 아그샤그치 | 전기밥솥 | jeongibabsot |
| Газын плитка | 가즈링 프리트카 | 가스렌지 | gasrenji |
| Гал тогоо | 갈 터거 | 부엌 | bu'eok |
| Гал тогооны хэрэгсэл | 갈 터거니 헤레그셀 | 부엌용품 | bu'eokyongpum |
| Кимчи | 김치 | 김치 | gimchi |
| Дүүпүү | 두푸 | 두부 | dubu |
| Самгёбсаль (гахайн мах) | 삼겹살 | 삼겹살 | samgyeobsal |
| Самгетан (тахианы шөл) | 삼게탕 | 삼계탕 | samgyetang |
| Улаан самрын мөстэй ундаа | 올랑 사므링 무스테 온다 | 팥빙수 | patbingsu |
| Цагаан будааны боов | 차강 보다니 버우 | 떡 | ddeog |
| Шим тэжээл | 쉼 테젤 | 영양 | yeongyang |
| Солонгос хоол | 설렁거스 헐 | 한식 | hansig |
| Европ хоол | 유러프 헐 | 양식 | yangsig |
| Япон хоол | 야퐁 헐 | 일식 | ilsig |

## ГЭР АХУЙ, АМЬЖИРГАА

| Хятад хоол | хятад хөл | 중식 | jungsig |
|---|---|---|---|
| Амттай | амттай | 맛있다 | masitda |
| Амтгүй | амтгуй | 맛없다 | matʼeobda |
| Халуун | халүн | 맵다 | maebda |
| Гашуун | гашүн | 짜다 | jjada |
| Чихэрлэг | чихэрлэг | 달다 | dalda |
| Исгэлэн | исгэлэн | 쓰다 | sseuda |
| Сулбагар | сулбагар | 싱겁다 | singgeobda |
| Тогооч | тогооч | 요리사 | yorisa |
| Аяга таваг угаах | аяга таваг огаах | 설겆이 | seolgeoji |
| Хутга | хотга | 칼 | kal |
| Махны мод | махны мод | 도마 | doma |
| Хайч | хайч | 가위 | gawi |
| Кострюль | кострюль | 냄비 | naembi |
| Хайруулын таван | хайрулын таваг | 후라이팬 | huraipaen |
| Сэрээ | серэ: | 포크 | pokeu |
| Таваг | таваг | 접시 | jeobsi |
| Шөлний халбаган шанага | шөлни халбаган шанага | 국자 | gugja |
| Óбäàànû халбагаш шанага | бодани халбаган шанага | 주걱 | jugeog |
| Чанаж байна | чанажи байн | 삶아요 | salmayo |
| Хуурч байна | ху:рчи байн | 볶아요 | bokkayo |
| Шарж байна | шаржи байн | 튀겨요 | Twigyeoyo |
| Буцалж байна | буцалжи байн | 끓여요 | Kkeulyeoyo |

## 살림살이

| | | | |
|---|---|---|---|
| Гал тогооны уг аалтуур | 갈 터거니 오:갈 토르 | 싱크대 | singkeudae |
| Миксер | 미크세르 | 믹서기 | Mikseogi |
| Резинэн бээлий | 레지넹 베리 | 고무장갑 | gomujanggab |
| Алчуур | 알초르 | 행주 | heng chu |
| Шалны алчуур | 샬니 알초르 | 걸레 | Geolre |
| Аяга таваг угаах | 아야가 타와그 오가흐 | 설겆이 | seolgeoj'i |
| Бөглөө онгойлгогч | 보그로 언거일격 치 | 병따개 | byeongddagae |
| Сэнс | 셍스 | 선풍기 | seonpunggi |
| Сэвүүр | 세우르 | 부채 | Buchae |
| Данх | 당흐 | 주전자 | Jujeonja |
| Салфетикны х айрцаг | 샬페티크니 하이르차그 | 휴지통 | Hyujitong |
| Түмпэн | 툼펭 | 대야 | Daeya |
| Ширээ | 쉬레 | 식탁 | Sigtag |
| Сагс | 사그스 | 바구니 | Baguni |
| Фүнфүн (аяга таваг угаагч) | 풍풍 | 퐁퐁 | Pongpong |

- Халбага өгнө үү.
  **할바가 오그누.**
  숟가락 주세요.
  sutgarag juseyo.

- Будаа дууссан.
  **보다: 도:스상.**
  쌀이 떨어졌어요.
  ssal'i ddeoleojyeosseoyo.

# ГЭР АХУЙ, АМЬЖИРГАА

- Гоймон чанаж байна.
  **거이멍 차나지 바인.**
  라면을 끓여요.
  ramyeon'eul kkeulyeoyo.

- Өндөг чанаж байна.
  **운드그 차나지 바인.**
  계란을 삶아요.
  gyeran'eul salmayo.

- Ус буцалгаж байна.
  **오스 보찰가지 바인**
  물을 끓여요.
  mul'eul kkeulyeoyo.

- Таваг хагарсан.
  **타와그 하가르상.**
  접시를 깼어요.
  jeobsireul kkaesseoyo.

# XIII. ГЭР АХУЙН ХЭРЭГЛЭЭНИЙ ЗҮЙЛС
## 생활용품

| Монгол хэл: 몽골어 | | 한국어: Солонгос хэл | |
|---|---|---|---|
| Үг | Дуудлага | 단어 | 발음 |
| Хувцасны шүүгээ | 홉차스니 슈:게: | 옷장 | otjang |
| Ор | 어르 | 침대 | chimdae |
| Дэвсгэр | 뎁스게르 | 담요 | damyo |
| Хөнжил | 홍찔 | 이불 | ibul |
| Телевизор | 테레위저르 | 텔레비젼 | telebijyeon |
| Хөшиг | 호쉬그 | 커튼 | keoteun |
| Буйдан | 보이당 | 소파 | sopa |
| Хувцас | 홉차스 | 옷 | ot |
| Унтлагын хувцас | 옹트라깅 홉차스 | 잠옷 | jamot |
| Борооны шүхэр | 버러:니 슈헤르 | 우산 | usan |
| Өмд | 옴드 | 바지 | baji |
| Жинсэн өмд | 찐셍 옴드 | 청바지 | cheongbaji |
| Нусны алчуур, гарын алчуур | 노스니 알초르, 가링 알초르 | 손수건 | sonsugeon |
| Гар нүүрийн алчуур | 가르 누링 알초르 | 수건 | sugeon |
| Бэлэг дурсгалын зүйл | 베레그 도르스가링 주일 | 기념품 | ginyeompum |
| Бэлэг | 베레그 | 선물 | seonmul |
| Гутал | 고탈 | 구두, 신발 | gudu, sinbal |
| Пүүз | 푸즈 | 운동화 | undonghwa |

## ГЭР АХУЙН ХЭРЭГЛЭЭНИЙ ЗҮЙЛС

| Оймс | 어임스 | 양말 | yangmal |
|---|---|---|---|
| Тирко | 티르커 | 스타킹 | seutaking |
| Малгай | 말개 | 모자 | Moja |
| Үнэртэй ус | 우네르테 오스 | 향수 | Hyangsu |
| Дэр | 데르 | 베개 | Begae |
| Толь | 털 | 거울 | geo'ul |
| Оо | 어 | 치약 | Chiyag |
| Шүдний сойз | 슈드니 서이즈 | 칫솔 | Chitsol |
| Тамхи | 탐히 | 담배 | Dambae |
| Асаагуур | 아사고르 | 라이터 | ra'iteo |
| Нүдний шил | 누드니 쉴 | 안경 | Angyeong |
| Зургын аппарат | 조르깅 아프파라트 | 카메라(사진기) | kamera(sajingi) |
| Фильм, кино | 피름, 키너 | 필름 | Pilreum |
| Зураг | 조라그 | 사진 | Sajin |
| Машин | 마쉉 | 자동차 | Jadongcha |
| Грааш | 그라쉬 | 차고 | Chago |
| Машины зогсоол | 마쉬니 적설 | 주차장 | Juchajang |
| Шаазан | 샤장 | 도자기 | dojagi |
| Цаг | 착 | 시계 | sigye |
| Хөргөгч | 후르고그치 | 냉장고 | naengjanggo |
| Угаалгын машин | 오갈:긩 마쉉 | 세탁기 | setaggi |
| Цахилгаан бараа | 차힐강 바라 | 전자제품 | jeonjajepum |
| Гэр ахуйн бараа | 게르 아호잉 바라 | 가전제품 | gajeonjepum |
| Бөгж | 보그지 | 반지 | banji |

## 생활용품

| | | | |
|---|---|---|---|
| Хүзүүний зүүлт | 후주:니 줄트 | 목걸이 | moggeoli |
| Төмөр | 투므르 | 쇠 | swe |
| Зэс | 제스 | 구리 | guri |
| Алт | 알트 | 금 | geum |
| Мөнгө | 뭉그 | 은 | eun |
| Даймонд | 대멍드 | 다이아몬드 | da'i'amond |
| Утас | 오타스 | 전화기 | jeonhwagi |
| Гар утас | 가르 오타스 | 핸드폰 | handpon |
| Сандал | 상달 | 의자 | uija |
| Номын тавиур | 너밍 태위오르 | 책상 | chaegsang |
| Найгадаг сандал | 내가다그 상달 | 흔들의자 | heundeul'uija |
| Индүү | 인두 | 다리미 | darimi |
| Агааржуулагч | 아가르쪼라그치 | 에어컨 | e'eokeon |

- Энэ бол индүү.
  엔 벌 인두.:
  이것은 다리미예요.
  igeoseun darimiyeyo.

- Өрөөн дотор номын тавиур, сандал, шүүгээ байна.
  오롱: 더처르 너밍 태위오르, 상달, 슈게 바인.
  방안에 책상, 의자, 옷장이 있어요
  bangan'e chaegsang, uija, otjang'i isseoyo.

- Минийгарутсыг хэрэглэнэ үү.
  미니 가르오트시그 헤레그레누
  저의 핸드폰을 쓰세요.
  jeo'ui haendeupon'eul sseuseyo.

- Даймонд бөгжөө гээсэн.

## ГЭР АХУЙН ХЭРЭГЛЭЭНИЙ ЗҮЙЛС

다이멍드 보그죠 게:셍.
**다이야반지를 잃어버렸어요.**
daiyabanjireul il'eobeoryeosseoyo.

- Хувцасаа индүүдэж чадна.
**흡차사 인두데지 차드나.**
옷을 다릴 줄 알아요.
oseul daril jul al'ayo.

- Миний машиныг арван сая төгрөгөөр зарсан.
**미니 마쉬니그 아르왕 사야 투그르그르 자르상.**
저의 차를 전만 투기릭에 팔았어요.
jeo'ui chareul man peso'e palasseoyo.

# XIV. АРИУН ЦЭВРИЙН ӨРӨӨНИЙ ХЭРЭГСЛҮҮД
## 화장실용품

| Монгол хэл: 몽골어 | | 한국어: Солонгос хэл | |
|---|---|---|---|
| Үг | Дуудлага | 단어 | 발음 |
| Ванн | 왕 | 욕조 | yokjo |
| Алчуур | 알초:르 | 타월 | taweol |
| Угаалгын түмпэн | 오갈:깅 툼펭 | 세수 대야 | sesu daeya |
| Угаалгын машин | 오갈깅 마셩 | 세탁기 | setakgi |
| Бок | 버크 | 세제 | seje |
| Жорлонгийн суултуур | 저르렁깅 솔토르 | 변기 | byeongi |
| Оо | 어 | 치약 | chiyag |
| Шүдний сойз | 슈드니 서이즈 | 칫솔 | chitsol |
| Сахлын татуурга | 사흐링 타토르가 | 면도기 | myeondogi |
| Үсний сэнс | 우스니 셍스 | 헤어 드라이어 | he'eo deurai'eo |
| Шампунь | 샴퐁 | 샴푸 | syampu |
| Ариун цэврийн цаас | 아리옹 체우링 차스 | 화장지 | hwajangji |
| Душ | 도쉬 | 샤워 | syawo |
| Угаалтуур | 오갈:토르 | 세면대 | semyeondae |
| Крант | 크랑트 | 수도꼭지 | sudokkogji |
| Ангижруулагч | 앙기지로라그치 | 린스 | rinseu |
| Ариутгагч | 아리오트각치 | 락스 | rakseu |
| Саван | 사왕 | 비누 | binu |
| Сам | 삼 | 빗 | bit |

## АРИУН ЦЭВРИЙН ӨРӨӨНИЙ ХЭРЭГСЛҮҮД

- Надад ариун цэврийн цаас хэрэгтэй байна.
  **나다드 아리옹 체우링 차스 헤레그테 바인.**

  저는 화장지가 필요해요.
  jeoneun hwajangjiga pilyohaeyo

- Хоолны дараа шүдээ угаа.
  **헐:니 다라: 슈데 오가:.**

  식사 후에 양치질해라.
  sigsa hu'e yangchijil haera

- Манай жорлон жижигхэн.
  **마나이 저르렁 지지그헹.**

  우리 화장실은 작아요.
  uri hwajangsil'eun jagayo

- Крант хүчтэй.
  **크랑트 후치테.이**

  수도꼭지가 새요.
  sudokkogjiga saeyo

# XV. ГОО САЙХНЫ БҮТЭЭГДЭХҮҮН БА ХҮҮХДИЙН ХЭРЭГЛЭЭНИЙ БҮТЭЭГДЭХҮҮН 화장품과 아기용품

| Монгол хэл: 몽골어 | | 한국어: Солонгос хэл | |
|---|---|---|---|
| Үг | Дуудлага | 단어 | 발음 |
| Нүүрний будаг | нуːрни бодагы | 화장 | hwajang |
| Гоо сайхны бараа | гоо сайхны бараа | 화장품 | hwajangpum |
| Скин | скин | 스킨 | skin |
| Лошион | лошион | 로션 | rosyeon |
| Тос | тос | 크림 | krim |
| Уруулын будаг | уруулын будаг | 립스틱 | ripseutik |
| Хумсны хэрэглэл | хумсны хэрэглэл | 매니큐어 | maenikyu'eo |
| Үнэртэй ус | үнэртэй ос | 향수 | hyangsu |
| Памтерс | памтерс | 기저귀 | gijeogwi |
| Маке up | маке уп | 메이크 업 | 메이크 업 |
| Косметик | косметик | 꼬스메-띠꼬 | |
| Чийгшүүлэгч | чигшүүлэгч | 모이스처라이저 | |

● Би нүүрээ буддаггүй.
비 누ː레 보드다그구이.
저는 화장을 하지 않습니다.
jeoneun hwajan'geul haji anseumnida.

● Нүүрэндээ өдөр бүр лошион түрхээрэй.
누ː рэндэː уд̆р бүр лошион түрхээрэй.
매일 얼굴에 로션을 바르세요.
mae'il eolgul'e rosyeon'eul bareuseyo.

## ГОО САЙХНЫ БҮТЭЭГДЭХҮҮН БА ХҮҮХДИЙН ХЭРЭГЛЭЭНИЙ БҮТЭЭГДЭХҮҮН

- Би уруулын будаг сайн түрхэж үү?
  비 오로링 보다그 생 투르헤쥬?

  나 립스틱 잘 발랐어요?
  na ripseutik jal balasseoyo?

- Хүүхдийн памперс сольж өгөөч.
  후흐딩 꺕테르스 설리찌 오고치.

  아기 귀저기 좀 갈아 주세요.
  agi gwijeogi jom gal'a juseyo.

- Манай хүүхэд одоо уйлж байна.
  마나이 후헤드 어더 오일찌 뺀바인

  우리 아기가 지금 울고 있어요.
  uri agiga jigeum ulgo isseoyo.

- Хүүхдэд тоглоом өгнө үү.
  후흐테드 터그럼 오구누.

  아기한테 장난감 좀 주세요
  agihante jangnangam jom juseyo.

# XVII. ҮЙЛТ ТЭМДЭГ НЭР, ЭСРЭГ ҮГ
## 형용사 반대어 모음

| Монгол хэл: 몽골어 | | 한국어: Солонгос хэл | |
|---|---|---|---|
| Үг | Дуудлага | 단어 | 발음 |
| Зөөлөн, хатуу | 졸:롱, 하토 | 부드러운 거친 | budeureo'un; geochin |
| Хуурай, зөөлөн | 호:라이, 졸:롱 | 딱딱한 연한 | ddakddakhan; yeonhan |
| Өндөр, нам | 운드르, 남 | 높은 낮은 | nopeun; najeun |
| Анхилуун, муухай | 앙히롱:, 모:하이 | 향기로운 악취나는 | hyanggiroun; akchwinaneun |
| Өндөр нуруутай, нам нуруутай | 운드르 노로타이, 남 노로타이 | 키 큰키 작은 | ki heun; ki jageun |
| Урт, богино | 오르트. 버긴 | 긴짧은 | gin;jjalbeun |
| Ухаантай, тэнэг | 오항타이. 테네그 | 똑똑한 어리석은 | ddokddokhan; eoriseog'eun |
| Зоригтой, аймхай | 저리그터이, 아임하이 | 용감한 겁많은 | yong'gamhan; geobmaneun |
| Ажилсаг, залхуу | 아질사그, 잘호: | 근면한 게으른 | geunmyeonhan; ge'eureun |
| Хүйтэн, хүйтэн, халуун, дулаан | 후이텡, 후이텡, 할룽:, 돌랑: | 차가운, 추운 ;뜨거운, 따뜻한 | chaga'un, chu'un; ddeugeo'un, ddaddeuthan |
| Баян, ядуу | 바양, 야도: | 부유한 가난한 | buyuhan; gananhan |
| Гэгээтэй, харанхуй | 게게:테이, 하랑호이 | 밝은 어두운 | balg'eun; eodu'un |

# ҮЙЛТ ТЭМДЭГ НЭР, ЭСРЭГ ҮГ

| Шуугиантай, чимээгүй | 쇼기앙태, 치메구이 | 시끄러운 조용한 | sikkeureoun; joyonghan |
|---|---|---|---|
| Болсон, болоогүй | 벌성, 벌러:구이 | 조리된 날것의 | joridoen; nalgeosui |
| Үнэн, худал | 우넹, 호달 | 진실된 거짓의 | jinsildoen; geojisui |
| Гүнзгий, гүехэн | 궁즈기, 구에헹 | 깊은, 얕은 | gip'eun; yat'eun |
| Амархан, хэцүү | 아마르항, 헤추: | 쉬운 어려운 | swi'un;eoryeo'un |
| Хөнгөн, хүнд | 홍공, 훈드 | 가벼운 무거운 | gabyeo'un; mugeo'un |
| Хүнлэг, хэрцгий | 홍레그, 헤르치기 | 자비로운 잔인한 | jabiroun; jan'inhan |
| Өргөн, явцуу | 오르공, 야우초 | 넓은 좁은 | neolbeun; jobeun |
| Зайтай, зайгүй | 재태, 재구이 | 널찍한 빈틈없는 | neoljjikhan; binteumeobneun |
| Цэцэн, харанхуй бүдүүлэг | 체첸, 하랑호이 부두레그 | 현명한 무식한 | hyeonmyeonghan;misikhan |
| Хөгжилтэй, уйтгартай | 후그질테이, 오이트가르타이 | 즐거운 슬픈 | jeulgeoun; seulpeun |
| Бүдүүн, нарийхан | 부둥:, 나리항 | 뚱뚱한 날씬한 | ddungddunghan;nalssinhan |
| Намхан хамартай, өндөр хамартай | 남항 하마르태, 운드르 하마르태 | 납작코의 긴 코의 | nabjagko'ui; gin ko'ui |
| Муухай, нарийн нягт | 모:하이, 나링 냐그트 | 조악한, 정교한 | joakhan; jeong'gyohan |

형용사 반대어

## 형용사 반대어

| | | | |
|---|---|---|---|
| Болсон, боловсорсон, болоогүй, боловсроогүй | 벌성, 벌럽서르성, 벌러구이. 벌럽스러구이 | 익은, 성숙한 덜익은, 미숙한 | igeun,seongsukhan;deoligeun, misukhan |
| Гашуун, чихэрлэг | 가숑, 치헤르레그 | 신단 | sin;dan |
| Гэрэлтэй, харанхуй | 게렐테이, 하랑호이 | 밝은 깜깜한 | balgeun;kkamkamhan |
| Гярхай, болхи | 갸르해, 벌히 | 예리한 둔한 | yerihan;dunhan |
| Нээлттэй, хаалттай | 넬테테, 할:트타이 | 열린 닫힌 | yeolin;dachin |
| Нойтох, хуурай | 너이터흐, 호래 | 젖은 마른 | jeojeun;mareun |
| Шулуун, муруй | 쇼롱:, 모로이 | 똑바른 굽은 | ddokbareun; gub'eun |
| Үхсэн, амьд | 우흐셍, 암드 | 죽은 살아 있는 | jugeun; sala itneun |
| Эрт, орой | 에르트, 어러이 | 이른 늦은 | ireun;neujeun |
| Халуун, зөөлөн | 할롱:, 졸:롱 | 매운 순한 | mae'un;sunhan |
| Бардам, даруу төлөв | 바르담, 다로 툴릅 | 거만한 겸손한 | geomanhan; gyeomsonhan |
| Ёс журамтай, ёс суртахуунгүй | 여스 조람타이, 여스 소르타홍구이 | 예의바른 무례한 | ye'uibareun; muryehan |
| Хурдан, удаан | 호르당, 오당 | 빠른 느린 | bbareun;neurin |
| Сайн, Муу | 생, 모 | 좋은 나쁜 | jo'eun;nabbeun |
| Үзэсгэлэнтэй, гутамшигтэй | 우제스게렝테이, 고탐쉬그테이 | 아름다운 추한 | areumda'un; chuhan |
| Том, жижиг | 텀, 찌찌그 | 큰작은 | keun;jag'eun |
| Цэвэр, бохир | 체웨르, 버히르 | 깨끗한 더러운 | kkaekkeuthan; deoreo'un |
| Хүчтэй, сулхан | 후치테이, 솔항 | 강한 약한 | ganghan;yakhan |
| Шинэ, хуучин | 쉰, 호칭 | 새로운 낡은 | saero'un; nalgeun |
| Залуу, хөгшин | 잘로:, 훅슁 | 젊은 늙은 | jeolmeun; neulgeun |

## ҮЙЛТ ТЭМДЭГ НЭР, ЭСРЭГ ҮГ

- Энэ эмэгтэй хөөрхөн.
  엔 에메그테이 호르홍.

  그 여자는 예뻐요.
  geu yeojaneun yebbeoyo.

- Болд нь ажилсаг хөвгүүн юм.
  벌드 늠 아질사그 호브궁 윰.

  발드는 근면한 소년입니다.
  huan'eun geunmyeonhan sonyeon imnida.

- Тэр залхуутай ажил хийдэг.
  테르 잘호터이 아질 히데그.

  그는 게으르게 일해요.
  geuneun ge'euruge ilhaeyo.

'형용사
반대어

# Гуравдугаар хэсэг

## Ашигтай Харилцан Ярианууд

# 제3부 : 유용한 대화들

## Ⓐ МОНГОЛД: 몽골에서

### Нэгдүгээр хичээл. Анхны уулзалт
### 제1과   처음 만날 때

- **Өглөөний мэнд (오전 인사)**
  오글로니 멘드
  **Өдрийн мэнд (점심때 인사)**
  으드링 멘드
  **Оройн мэнд (오후 인사)**
  어러잉 멘드
  **Сайхан нойрсоорой (저녁 및 밤 인사)**
  새이항 너이르서:러이
  **Сайн байна уу ? 안녕하세요.**
  사인 바이노(새임 베이노)?

- **Дээрх асуултуудын хариулт**
  * 위의 인사에 대한 답변

- **Сайн, Сайн байна уу ? 예, 안녕하세요.**
  ye, annyeonghaseyo.
  사인. 사인바이노?

- **Амьдрал ямар байна ?**
  암드랄 야마르 바인?

어떻게 지내세요?

- Амьдрал сайн байна. Баярлалаа
  암드랄 사인 바인. 바야를라
  **잘 지냅니다. 감사합니다.**
  jal jinaemnida. gamsahamnida.

- Уулзсандаа баяртай байна.
  오올즈상다: 바야르테이 바인.
  **만나서 반갑습니다.**
  manaseo bangabseumnida.

- Таны нэрийг хэн гэдэг вэ?
  타니 네리르 헨 게덱 웨?
  **이름이 무엇이에요?**
  ireum'i mueosi'eyo?

- Миний нэрийг ... гэдэг.
  미니 네리그 … 게덱
  **제 이름은...이에요.**
  je ireum'eun ...iyeyo.

- Та хэдэн настай вэ?
  다 헤덴 나스다이 웨?
  **몇 살이에요?**
  myeot sal'i'eyo?

- Би хорин настай.
  비 허링 나스테

스무 살이에요.
seumusal'i'eyo.

● Дараа дахин уулзья.
다라 다힌 오올지야.
**다음에 또 봐요**
daeum'e ddo bwayo.

● Баяртай.
바야르테이
**안녕히 계세요(가세요).**
annyeonghi gyeseyo(gaseyo).

● Ам бүл хэдүүлээ вэ?
암 불 헤둘:레 웨?
**가족은 몇 명이에요?**
gajogeun myeot myeong'iyeyo?

● Та ямар ажил хийдэг вэ?
타 야마르 아질 히득 웨?
**당신 직업은 뭐예요?**
dangsin jigeob'eun mwoyeyo?

● Таны хобби юу вэ?
타니 허비 요 웨?
**당신 취미는 뭐시에요?**
dangsin chwimineun mueosiyeyo?

● Яагаад Солонгос хүнтэйхурим хийх гэж байгаа юм áэ ?

야가드 설렁거스 훈테 호림 히흐 게지 바이가 윰 베?
**왜 한국 사람하고 결혼하려고 해요?**
wae hangug saramahago gyeolhonharyeogo haeyo?

● Би коллеж (дунд сургууль) төгссөн.
비 콜레지(돈드 소르골) 툭스슨
**저는 전문대학교(고등학교)를 졸업했어요**
jeoneun jeonmundaehaggyo(godeunghaggyo)reul joleobhaesseoyo.

● Аав ээжтгэйгээ хамт амьдардаг уу?
아아브 에에지테이게게 함트 암다르다그?
**부모님과 함께 사나요?**
bumonimgwa hamkke sanayo?

● Төрсөн нутаг хаана вэ?
툭스슨 노탁 한: 왜?
**고향이 어디에요?**
gohyangi eod'i'eyo?

● Юуг илүү их мэдэхийг хүсэж байна вэ ?
요그 일루 이흐 메데히그 후세지 바인 왜?
**무엇을 더 알고 싶어요?**
mueoseul deo algo sip'eoyo?

## Хоёрдугаар хичээл.
## Болзоо болон хурмын анхны шөнө

### 제 2 과   데이트 및 신혼 첫 밤 대화

- **Танд үнэхээр сайн.**
  탄드 우네헤:르 사인
  **당신을 정말 좋아해요.**
  dangsin'eul jeongmal joa'haeyo.

- **저는 당신을 사랑합니다.**
  jeoneun dangsin'eul saranghamnida.
  **Би танд хайртай.**
  비 탄드 하이르테

- **당신이 그리워요.**
  dangsin'i geuriwoyo.
  **Таныг үгүйлж байна.**
  타니그 우구일지 바인

- **한국에 돌아가면 당신이 보고 싶을 거예요.**
  hangug'e dol'agamyeon dangsin'i bogo sip'eul geoyeyo.
  **Солонгост буцаж очвол таныг санах байхаа.**
  설렁거스트 보차지 어치블 타니그 사나흐 바이하

- **나 잊지 마세요.**
  na itji maseyo.
  **Намайг битгий мартаарай.**

나마이그 비트기 마르타라이

- **식사해요.**
  siksahaeyo.
  Хооллоё.
  헐러이

- **몽골 과일은 정말 맛있어요**
  pilipin gwail'eun jeongmal masisseoyo
  Монгол жимс үнэхээр амттай байна.
  몽골 짐스 우네헤르 암트타이 바인

- **식당이 어디예요?**
  sikdang'i eodiyeyo?
  Хоолны газар хаана вэ ?
  헐니 가짜르 한 왜?

- **몽골은 너무 추워요.**
  pilipin'eun neomu deowoyo.
  Монгол их хүйтэн байна.
  몽골 이흐 후이튼 바인

- **에어컨 좀 켜 주세요.**
  e'eokeon jom kyeo juseyo.
  Айркон асааж өгнө үү?
  애르컹 아사찌 오그누?

- **먼저 타세요.**
  meonjeo taseyo.

Түрүүлж сууна уу.
투룰찌 소:노?

● 당신 먼저 하세요.
dangsin meonjeo haseyo.
Та эхлээд хийнэ үү.
타 에흐레드 히:누?

● 샤워하세요.
shyawohaseyo.
Шүршүүрт орно уу.
슈르슈르트 어르노?

● 불 꺼 주세요.
bul kkeo juseyo.
Гэрэл унтрааж өгнө үү.
게렐 오트라찌 오그누

● 문을 잠가 주세요.
mun'eul jamga juseyo.
Хаалга түгжинэ үү .
할가 투그지누

● 옷 벗으세요.
ot beoseuseyo.
Хувцасаа тайлаарай
호우참사 타일라라이

● 편안히 계세요.

pyeonanhi gyeseyo.
Тав тухтай байгаарай.
타우 토흐타이 바이가라이

● 제 옆에 누우세요.
je yeop'e nu'useyo
Миний хажууд хэвтээрэй.
미니 하쪼드 헤우테레이

● 제 팔을 베고 누우세요.
je paleul bego nu'useyo.
Миний гарыг дэрлээд хэвтээрэй.
미니 가리그 데르레드 헤브테레이

● 오늘 저 너무 피곤해요.
oneul jeo neomu pigonhaeyo
Өнөөдөр би их ядарч байна.
우누드르 비 이흐 야다르치 바인

● 잠 자고 싶어요.
jamjago sip'eoyo
Үнэхээр унтмаар байна.
우네헤르 옹트마르 바인

● 오늘은 생리 날이에요.
oneul'eun saengri nal'i'eyo.
Өнөөдөр сарын тэмдэг ирсэн.
우누드르 사링 템덱 이르셍

● 타월 어디에 있어요?
tawol eodi′e isseoyo?
Алчуур хаана байна?
알초르 한: 바인?

● 샤워기가 고장나서 사용할 수 없어요.
shawogiga gojangnaseo sayonghal su eobseoyo
Шүршүүр эвдрээд хэрэглэж болохгүй байна.
슈르슈르 에우드레드 헤렉레지 벌러흐구이 바인

● 변기가 고장났어요.
byeongiga gojangnasseoyo
Суултуур эвдэрсэн.
솔고르 엡데르셍

● 생리 때문에 내일 사랑을 하고 싶어요. ?
saengri ddaemun′e nae′il sarang′eul hago sipeoyo.
Сарын тэмдэг ирсэн учраас маргааш хайрлахыг хүсч байн а уу?.
사링 템덱 이르슨 오치라스 마르가시 하이르라히그 후스치 바이노?

● 칫솔과 치약 그리고 면도기가 없어요
chitsolgwa chiyag geurigo myeondogiga eobsseoyo
Шүдний оо, шүдний сойз, сахлын татуурга байхгүй байн а.
슈딘 어, 슈딘 서이쯔, 사흐린 타톨르가 배흐구이 바인

## Гуравдугаар хичээл. Хурим

### 제3과 결혼식 때 대화:

- **부모님 감사합니다.**
  bumonim gamsahamnida
  Аав ээждээ баярлалаа.
  아아브 에에지데 바야를라

- **저희 절 받으세요.**
  jeohi jeol badeuseyo.
  Бидний хүндэтгэлийг хүлээн авна уу.
  비드니 훈데트겔리그 후렌 아브노

- **한국에 돌아가서 행복하게 살겠습니다.**
  hangug'e dolagaseo haengbogahge salgesseumnida.
  Солонгост буцаж очоод аз жаргалтай сайхан амьдрах болно.
  설렁거스트 보차찌 어처드 자르갈테 새항 암드라흐 볼른

- **저희들 걱정하지 마세요.**
  jeohideul geokjeonghaji maseyo.
  Бид нарт санаа бүү зовоорой.
  비드 나르트 사나 부 저버러이

- **자주 연락 드리겠습니다.**
  jaju yeonrag deurigesseumnida.
  Байнга холбоо барьж байх болно.

바잉그 헐버: 바리지 바이흐 볼른

- 이것은 한국에서 준비한 저의 선물입니다.
 igeos'eun hangug'eseo junbihan jeo'ui seonmul'imnida.
 Энэ Солонгосоос бэлдсэн бидний бэлэг юм.
 엔 설렁거서:스 벨드슨 비드니 벨렉 욤

- 제 성의이니까 받아 주세요.
 je seong'ui'inikka bad'ajuseyo.
 Миний чин сэтгэл болохоор хүлээн авна уу.
 미니 친 세트겔 벌러허르 훌렝 아브노

- 저희 결혼식에 와 주셔서 감사합니다.
 jeohi gyeolhonsig'e wa jusyeoseo gamsahamnida.
 Бидний хуримын ёслолд хүрэлцэн ирсэнд баярлалаа.
 비드니 호리밍 요스롤드 후렐첸 이르슨드 바야를라

## Дөрөвдүгээр хичээл. Хоолны газар дахь яриа

### 제4과 식당에서 대화:

● 어서 오세요. 앉으세요.
eoseo oseyo. anjeuseyo.
Тавтай морилно уу. Сууна уу.
타우태 모릴노? 소:노

● 여기요! 주문 받으세요.
yeogiyo! jumun bad'euseyo.
Энд, Захиалга авна уу.
엔드 자히알가 아브노

● 메뉴판 주세요.
menyupan juseyo.
Менюгээ өгнө үү.
메뉴게 오그누

● 주문하시겠어요?
jumunhasigesseoyo?
Захиалгаа өгөх үү ?
자히알가 오그후?

● 무엇을 드시겠어요?
mueos'eul deusigesseoyo?
Юу зооглох вэ?
요 지그러흐 웨?

● 밥을 드시겠어요, 아니면 빵을 드시겠어요?
bab'eul deusigesseoyo, animyeon bbang'eul deusigesseoyo?
Хоол зооглох уу? Эсвэл талх зооглох уу?
헐 저그러호? 에스웰 탈흐 저그러호?

● 밥을 주세요.
bab'eul juseyo
Хоол өгнө үү.
헐: 오그누

● 무슨 음료수로 할까요?
museun eumryosuro halkkayo?
Ямар ундаа уух вэ?
야마르 온다 오오흐 웨?

● 물 주세요
mul juseyo
Ус өгнө үү.
오스 오그누

● 지금 배 고파요.
jigeum bae gopayo.
Одоо өлсөж байна.
어더 울스지 바인

● 화장실이 어디예요?
hwajangsil'i eodiyeyo?
Ариун цэврийн өрөө хаана вэ ?
아리온 체웨린 오로 한: 웨?

- 디저트는 무엇으로 하시겠어요?
  
  dijeoteuneun mu'eos'euro hasigesseoyo?
  
  Хөнгөн зуушинд юу захиалах вэ ?
  
  훈근 조신드 요 자히알라흐 웨?

- 커피 한 잔 주세요.
  
  keopi han jan juseyo.
  
  Кофе нэг аяга өгнө үү.
  
  커페 넥 아약가 오그누

- 더 필요한 것 없으세요?
  
  deo pilyohan geot eobseuseyo
  
  Өөр хэрэгтэй зүйл байхгүй юу?
  
  우르 헤렉테 주일 바이흐구이 요?

- 수저 주세요.
  
  sujeo juseyo.
  
  Халбага савх өгнө үү.
  
  할바가 사우흐 오그누

- 냅킨 주세요.
  
  naebkin juseyo
  
  Салфетка өгнө үү.
  
  살페트카 오그누

- 이쑤시개 주세요.
  
  Issusigae juseyo.
  
  Шүдний чигчлүүр өгнө үү.
  
  슈딘 칙츠루르 오그누

● 식사 끝났어요. 계산서 주세요.
   siksa kkeutnass'eoyo. gyesanseo juseyo.
   Хооллож дууслаа. Тооцооны хуудас өгнө үү.
   헐:러지 도:스라. 터처니 호다스 오그누

● 잔돈 가지세요.
   jandon gajiseyo.
   Хариулт мөнгөө авна уу .
   하리올트 문그 아브노

● 제가 계산하겠어요.
   jega gyesanhagesseoyo.
   Би тооцоог нь хийе.
   비 터:처:근 히예

● 각자 계산해요.
   gaaja gyesanhaeyo.
   Тусдаа тооцоо хийе.
   토스다: 터:처: 히예

## Тавдугаар хичээл. Зам асуух
### 제5과 길 묻기:

● **실례합니다. 여기가 어디죠?**
silrehamnida. yeogiga eodijyo
**Уучлаарай, Энэ хаана вэ?**
오치라라이 엔 한: 웨?

● **길을 잃었어요.**
gile'ul il'eosseoyo.
**Тθθрчихлθθ.**
트르치흐러

● **이 호텔까지 어떻게 가나요?**
I hotelkkaji eoddeotke ganayo
**Энэ зочид буудал руу яаж явах вэ?**
엔 조치드 보달로 야지 야와흐 웨?

● **그 호텔까지 거리가 얼마예요?**
geu hotelkkaji georiga eolmayeyo
**Тэр зочид буудал хүртэл хэр хол вэ?**
테르 조치드 부달 후르텔 헤르 헐 웨?

● **죄송합니다. 저도 여기는 처음이에요**
joesonghamnida. jeodo yeogineun cheo'eum'iyeyo
**Уучлаарай. Би бас энд анх удаагаа ирж байна.**
오오치라라이 비 바스 엔드 앙흐 오다가 이르지 바인

● 이 길을 따라 가세요
  I gil'eul ddara gaseyo
  Энэ замыг дагаад явна уу.
  엔 자미그 다가드 야브노

● 오른 쪽으로 가세요
  oreun jjog'euro gaseyo
  Баруун тийшээ явна уу.
  바론 티쉐 야브노

● 왼쪽으로 가세요.
  oenjjog'euro gaseyo
  Зүүн тийшээ явна уу.
  준 티쉐 야브노

● 똑바로 가세요.
  ddogbaro gaseyo
  Чигээрээ явна уу.
  치게레 야브노

● 저랑 같이 가세요,
  jeorang gachi gaseyo
  Надтай хамт явна уу.
  나드테 함트 야브노

● 택시 타는 곳이 어디에요?
  taeksi taneun gosi eodieyo?
  Таксины буудал хаана вэ?
  택시니 보:달 한: 왜?

- 택시로 얼마나 걸려요?
  taeksiro eolmana geolryeoyo.
  Таксигаар хэр удаан явах вэ?
  택시가르 헤르 오당: 야와흐 왜?

- 그렇게 멀지 않아요.
  geureoke meolji amayo.
  Тийм хол биш.
  팀 헐 비쉬

- 다 왔어요.
  da wasseoyo.
  Ирчихлээ.
  이르치흐레

- 여기 내려 주세요.
  yeogi naeryeo juseyo.
  Энд буулгаж өгнө үү.
  엔드 볼:가지 오그누

- 잔돈은 가지세요.
  jandon'eun gajiseyo.
  Хариултаа авна уу.
  하리올트가 아브노

- 먼저 내리세요.
  meonjeo naeriseyo.
  Түрүүлж бууна уу.
  투룰찌 보:노

## Зургаадугаар хичээл. Зочид буудал

### 제6과 호텔에서 대화:

● 방 있어요?
  bang isseoyo?
  Өрөө байна уу?
  오로 바이노?

● 방을 예약하고 싶은데요.
  bangeul yeyaghago sip'eundeyo.
  Өрөө захиалмаар байна.
  오로 자히알마르 바인

● 어떤 방을 드릴까요?
  eoddeon bang'eul deurilkkayo?
  Ямар өрөө өгөх вэ?
  야마르 오로 오그흐 웨?

● 싱글룸 하나 주세요.
  singgeul rum hana juseyo.
  Нэг хүний өрөө өгнө үү.
  네그 후니 우르 오그누

● 하루 방값은 얼마예요?
  haru banggabseun eolmayeyo?
  Өрөө нэг өдөр ямар үнэтэй вэ?
  오로 네그 우드르 야마르 운태이 왜?

- 선불이에요.

    seonbul'i'eyo.

    Урьдчилж төлнө.
    오리드칠지 툴른

- 며칠 동안 묵을 거예요?

    myeochil dongan mug'eul geoyeyo?

    Хэдэн өдөр байрлах вэ?
    헤든 우드르 바이르라흐 웨?

- 7일 동안 묵을 예정이에요.

    Долоо хоног бодолтой байна.
    덜러 허너흐 버덜터이 바인

- 몇 호실이에요?

    myeot hosil'i'eyo?

    Хэдэн номерын өрөө вэ?
    헤든 너이메린 오로 웨?

- 제 짐 좀 방에 갖다 주세요.

    je jim jom bang'e gatda juseyo.

    Миний ачааг өрөөнд аваачиж өгнө үү.
    미니 아차그 오론드 아와치지 오그누

- 짐 좀 내려 주세요.

    jim jom naeryeo juseyo.

    Ачааг буулгаж өгнө үү.
    아차그 불:가지 오그누

● 오늘 떠날 예정입니다.
oneul ddeonal yejeongimnida.
Өнөөдөр гарах бодолтой байна.
우누드르 가라흐 버덜터이 바인

● 아침 식사도 포함해요?
achim siksado pohamhaeyo?
Өглөөний хоол багтах уу?
우그루니 헐 박타호?

● 여기 계산서예요.
yeogi gyesanseoyeyo.
Энэ тооцооны хуудас.
엔 터:처:니 호다스

● 여기에서 환전이 돼요?
yeogieseo hoanjeon'i dwaeyo?
Энд валют сольж болох уу ?
엔드 발류트 설리지 벌러호?

● 전화 오면 연결해 주세요
jeonhwa omyeon yeongyeolhae juseyo.
Утас ирвэл холбож өгнө үү.
오타스 이르웰 헐버지 오그누

● 택시 좀 불러 주세요.
taeksi jom bulleo juseyo
Такси дуудаж өгнө үү.
택시 도다지 오그누

● 내일 아침 여섯시에 깨워 주세요.
naeil achim yeoseotsi'e kkaewo juseyo
Маргааш өглөө зургаан цагт сэрээж өгнө үү.
마르가:쉬 오글로 조르간 착트 세레:지 오그누

● 여기서 세탁이 돼요?
yeogiseo setag'i dwaeyo?
Энд хими цэвэрлэгээ хийж өгөх үү ?
엔드 히미 체웨르레게 히지 오그후?

● 세탁비는 얼마예요?
setagbineun eolmayeyo?
Хими цэвэрлэгээний төлбөр хэд вэ?
히미 체웨르헤게니 툴부르 헤드 웨?

● 제 방 키는 어디에 있어요?
je bang kineun eodi'e isseoyo
Миний өрөөний түлхүүр хаана байна вэ?
미니 우르니 툴후:르 한: 바인 왜?

● 방 키를 잃어 버렸어요.
bang kireul il'eo beoryeosseoyo
Өрөөний түлхүүрээ хаячихлаа.
우르니 툴후:레 하야치흐라

● 식사 주문도 돼요?
siksa jumundo dwaeyo?
Хоол захиалж болох уу?
헐 자히알찌 벌러호?

 СОЛОНГОСТ: 한국에서

Нэгдүгээр хичээл. Онгоцны буудлын Хилийн шал ган нэвтрүүлэх төв

제1과  공항 출입국 관리소에서

● Гадаад паспортаа үзүүлнэ үү.
가다드 파스포르타 우줄누
**여권 좀 보여 주세요.**
가다드 파스포르타 우줄:누

● Билетээ үзүүлнэ үү.
빌레테 우줄:누
**티켓 좀 보여 주세요**
tiket jom boyeo juseyo.

● Гадаад паспорт болон билет энэ байна.
가다드 파스포르트 벌렁 빌레트 엔 바인
**여권과 티켓 여기 있어요**
yeokwon'gwa tiket yeogi isseoyo.

● Солонгост яагаад ирсэн бэ?
설렁거스트 야가드 이르셍 베?
**왜 한국에 왔어요?**
wae hangug'e wasseoyo?

- Солонгос хүнтэй хурим хийсэн.
  설렁거스 훈테 호림 히셍
  **한국 남자와 결혼했어요**
  hangug namjawa gyeolhonhaesseoyo.

- Хэзээ хуримаа хийсэн бэ?
  헤제 호림아 히셍 베?
  **언제 결혼했어요?**
  eonje gyeolhonhaesseoyo?

- Бид өнгөрсөн жилийн 4-н сард хуримаа хийсэн.
  비드 운구르슨 찔린 두루븐 사르드 호리마 히셍
  **우리는 작년 4월에 결혼했어요.**
  urineun jaknyeon sawol'e gyeolhonhaesseoyo.

- Аа. Сайн байна.
  아 사인 바인
  **예. 좋습니다.**
  ye. josseumnida.

- Ачаагаа хаанаас авах вэ?
  아차가 하나스 아와흐 웨?
  **짐은 어디에서 찾나요?**
  jim'eun eodi'eseo chatnayo?

- Цунхээ алга болгочлоо.
  춘헤 아르가 벌거치러
  **가방을 잃어 버렸어요.**
  gabang'eul il'eo beoryeosseoyo

- Битгий санаа зовоорой.
  비트기 사나 저워러이
  **걱정하지 마세요.**
  geogjeonghaji maseyo.

- Таны цунхийг хайж өгье.
  타니 춘히그 하지 오기예
  **당신 가방을 찾아 드리겠어요.**
  dangsin gabang'eul chaja deurigesseoyo.

- Хэд дүгээр гарцаар гарах вэ?
  헤드 두게르 가르차르 가라흐 웨?
  **몇 번 출구로 가야 하나요?**
  myeot beon chulguro gayahanayo?

## Хоёрдугаар хичээл. Бэр хадмында очихдоо
### 제2과 신부가 시집에 왔을 때 :

- Аав ээжээ, сайн байна уу?
  아우 에쩨, 사인 바이노?
  **부모님, 안녕하세요**
  bumonim annyeonghaseyo.

- Баяртайгаар хүлээн авсанд баярлалаа.
  바야르태가르 훌렌 아브상드 바야를라
  **반갑게 맞아 주셔서 감사합니다.**
  ban'gabge maja jusyeoseo gamsahamnida.

- Ураг садны холбоотой болсонд баяртай байна.
  오락 사드니 헐버터이 벌선드 바예르테이 바인
  **부모님과 친척 뵙게 되어 반갑습니다.**
  bumonimgwa chincheog boebge doe'eo ban'gabseumnida.

- Солонгос хэл сурч байна.
  설렁거스 헬 소르치 바인
  **한국말 배우고 있어요.**
  hangugmal bae'ugo isseoyo.

- Солонгос хэлээр одоохондоо сайн ярьж чадахгүй.
  설렁거스 헬레르 어더헌더 사인 야리쯔 차다흐구이
  **한국말 아직 잘 못 해요.**
  hangugmal ajig jal mot haeyo.

● Солонгос хоол одоохондоо идэж чадахгүй.
설렁거스 헐 어더헌더 이떼찌 차다흐구이
**한국음식을 아직 못 먹어요.**
hangugeumsig'eul ajig mot meog'eoyo.

● Ээжээ, Солонгос хэл болон хоол хийхийг зааж өгнө үү.
에쩨, 설렁거스 헬 벌렁 헐 히흐그 자:찌 오그누
**어머님, 한국말과 요리 가르쳐 주세요.**
eomeonim, hangugmalgwa yori gareuchyeo juseyo.

● Үүнийг солонгос хэлээр юу гэдэг вэ?
우니그 설렁거스 헬레르 요 게데그 왜?
**이것은 한국말로 뭐라고 해요?**
igeoseun hangugmalro mworago haeyo?

● Гэр бүлийхэн бүгдээрээ хайраа өгнө үү.
게르 불리헨 북데레 하이라 오그누
**가족 모두 사랑해 주세요.**
gajog modu saranghae juseyo.

● Энэ Монголоос авч ирсан бэлэг.
엔 멍걸러스 아우치 이르셍 벨렉
**이것은 몽골에서 가져 온 선물이에요.**
igeoseun pilipin'eseo gajyeo on seonmul'i'eyo.

● Би хэдэн цагт босох вэ?
비 헤덴 착트 버서흐 웨?
**저는 몇시에 일어나야 해요?**
jeoneun myeotsi'e il'eonayahaeyo

- Олон улсын ярианы төлбөр үнэтэй болохоор утсаар их яри хгүй.

    얼렁 올신 야리아니 툴부르 운테 벌러허르 오트사:르 이흐 야(예)리 흐구이

    **국제전화 비싸니 전화 많이 안 하겠어요.**

    gugjejeonhwa bissani jeonhwa mani an hagesseoyo.

- Олон улсын ярианы карт авч өгнө үү.

    얼렁 올신 야리아니 카르트 아브치 오그누

    **국제전화 카드 사 주세요**

    gugjejeonhwa kadeu sa juseyo.

## Гуравдугаар хичээл.
## Нөхөр ажилдаа явах болон ажлаас ирэх

### 제3과 남편의 출근과 퇴근:

◆ нөхөр (N): 남편 ◆ эхнэр (A): 아내

● **A: Ажлаа тараад хурдан ирээрэй.**
아찔라 타라드 호르당 이레레이
**일 끝나고 빨리 돌아오세요.**
il kkeutnago bbalri dol'a'oseyo

● **N: . Ажлаа тарчлаа.**
아찔라 타르치라
**퇴근했어요.**
toigeunhaesseoyo.

● **A: Тавтай морилно уу.**
타우타이 머릴노
**어서 들어오세요.**
eoseo deul'eo'oseyo.

● **A: Өнөөдөр хэцүү байсан уу?**
우누드르 헤추: 바이스노?
**오늘 힘드셨죠?**
mani himdeusyeotjyo?

● N: Зүгээр ээ
주게레
**괜찮아요.**
gwaenchanayo.

● N: Гэртээ тантай хамт байхад аз жаргалтай байна.
게르테 탄태 함트 배하드 아쯔 자르갈타이 바인
**집에서 당신을 보니 행복해요.**
jib'eseo dangsin'eul boni haengboghaeyo.

● A: Хүйтэн юм ууx уу ?
후이튼 윰 오오호?
**시원한 것 좀 마실래요?**
siwonhan geot jom masilraeyo

● N: Баярлалаа. Хүйтэн ус өгнө үү.
바야를라 후이튼 오스 오그누
**고마워요. 시원한 물 좀 주세요**
gomawoyo. sowonhan mul jom juseyo

● A: Оройн хоол бэлэн боллоо.
어러인 헐 벨렝 벌러
**저녁 준비 다 됐어요.**
jeonyeok junbi da dwaesseoyo.

● N: Таныг шүршүүрт орсны дараа оройн хоол хамт идье.
타니 슈르슈르트 어르스니 다라 어러인 헐 함트 이디에
**당신 샤워하고 저녁 같이 드세요.**
dangsin syawohago jeonyeog gachi deuseyo.

● **N: Таны хийсэн хоолыг хурдан идмээр байна.**
타니 히슨 헐리그 호르당 이드메르 바인
**당신이 만든 음식 빨리 먹고 싶어요**
dangsin'i mandeun eumsig bbalri meog'go sip'eoyo.

# Дөрөвдүгээр хичээл. Мэндчилгээ

## 제 4 과　인사

- **Сайн байна уу?**
  사인 바이노?
  **안녕하십니까?(안녕하세요?).**
  annyeonghasimnikka?(annyeonghaseyo?)

- **Уулзсандаа баяртай байна.**
  오올즈상다 바야르테이 바인
  **만나서 반갑습니다**
  mannaseo bangabseumnida

- **Ямар улсаас ирсэн бэ?**
  야마르 올사스 이르셍 베?
  **어느 나라에서 왔습니까?**
  oeneu nara'eseo wasseumnikka?

- **Монголоос ирсэн.**
  몽고러스 이르셍
  **몽골에서 왔어요.**
  pilipin'eseo wasseoyo.

- **Солонгост ямар ажил хийдэг вэ?**
  설렁거스트 야마르 아찔 히득 웨?
  **한국에서 무슨 일을 해요?**
  Hangug'eseo museun il'eul haeyo?

● Гэртээ байдаг.
  게르테 바이닥
  **가정주부예요**
  gajeongjubuyeyo.

● Ганцаараа ирсэн үү?
  강차라 이르스누?
  **혼자 왔어요?**
  honja wasseoyo?

● Нөхөртэйгөөхамт ирсэн.
  누후르테그 함트 이르셍
  **남편과 같이 왔어요**
  nampyeon'gwa gachi wasseoyo.

● Солонгос хэл мэдэх үү?
  설렁거스 헬 메데후?
  **한국어를 아세요?**
  hangug'eoreul aseyo?

● Одоо Солонгос хэл үзэж байгаа.
  어더 설렁거스 헬 우제지 바이가
  **지금 한국어를 배우고 있어요.**
  jigeum hangug'eoreul bae'ugo isseoyo.

※ 자주 만나는 사이의 인사: Байнга уулздаг хүмүүстэй хийх мэнд чилгээ

● Амьдрал ямар байна? / Сайн байна уу?
  암드랄 야마르 바인? 사인 바이노?
  **어떻게 지내세요?/안녕하세요?**
  eoddeoke jinaeseyo?/annyeonghaseyo?

● Амьдрал сайн байгаа. Та ямар байна вэ?
  암드랄 샌 배가. 타 야마르 바인 웨?
  **잘 지냅니다. 당신은 어떠세요?**
  jal jinaemnida. dangsin'eun eoddeoseyo?

● Үнэхээр сайн байгаа. Баярлалаа
  우네헤르 사인 바이가. 바야를라
  **역시 잘 지냅니다. 고마워요.**
  yeoksi jal jinaemnida. gomawoyo.

● Сүүлийн үед амьдрал ямар байна ?
  술:린 우이드 암드랄 야마르 바인?
  **요즘 어떻게 지내세요?**
  yojeum eoddeoke jinaeseyo?

● Мэнд дамжуулаарай
  멘드 담쭐라라이
  **안부 좀 전해 주세요.**
  anbu jom jeonhae juseyo.

● Тусалсанд үнэхээр баярлалаа.
  토살슨드 우네헤르 바야를라
  **도와 주셔서 대단히 감사합니다.**
  dowa jusyeoseo daedanhi gamsahamnida.

● Завтай үедээ ирээрэй.
  자브타이 우이데 이레레이
  **시간 있으면 놀러 오세요.**
  sigan isseumyeon nolreo oseyo.

● Хүлээе.
  홀레이
  **기다리겠어요.**
  gidarigesseoyo.

● Сүүлийн үед компани дээрээ завгүй байна уу?
  술린 우이드 콤파니 데레 자부구이 바이노?
  **요즘 회사에서 바빠요?**
  yojeum hoisa'eseo babbayo?

● Тийм ч завгүй бишээ.
  팀 치 자브구이 비쉐
  **별로 바쁘지 않아요.**
  byeolro babbeuji an'ayo.

● Миний тус хэрэгтэй бол хэлээрэй.
  미니 토스 헤렉테이 벌 헬레레이
  **제 도움이 필요하면 말하세요.**
  je doum'i pilyohamyeon malhaseyo..

※ 헤어질 때의 인사: Уулзаад салахдаа хэлэх мэндчилгээ

● Оройтчихлоо. Буцаад явцгаая.
어러이트치흐러. 보차드 야우츠가이
**(밤)늦었어요. 돌아갑시다.**
neujeosseoyo. dol'a gabsida.

● Хүрэлцэн ирсэнд баярлалаа.
후렐첸 이르슨드 바야를라
**와 주셔서 감사합니다.**
wa jusyeoseo gamsahamnida.

● Хөгжилтэй хүлээн авалт боллоо.
훅찔테 훌렌 아왈트 벌러
**즐거운 만찬이었습니다.(파티였습니다.)**
jeulgeo'un manchan'i'eosseumnida.(patiyeosseumnida.)

● Дараа дахин ирээрэй.
다라 다힌 이레레이
**다음에 또 오세요.**
daeum'e ddo oseyo.

● Сайн сууж байгаарай. Үнэхээр баярлалаа.
사인 소:지 비이기리이 우네헤르 바야를라
**안녕히 계세요. 매우 고마웠습니다.**
annyeonghi gyeseyo. mae'u gomawasseumnida.

● Сайн яваарай. Дараа дахин уулзья.
사인 야와라이 다라 다힌 오올찌야
**안녕히 가세요. 다음에 또 만나요.**
annyeonghi gaseyo. da'eum'e ddo mannayo.

● Маргааш дахин уулзья.
마르가쉬 다힌 오올찌야
**내일 또 만나요.**
nae'il ddo mannayo.

● Болгоомжлоорой.
벌검:지러러이
**조심하세요.**
josimhaseyo.

● дахин уулзья.
다힌 오올찌야
**또 뵙겠습니다.**
ddo boebgesseumnida.

● Явлаа.
야브라
**가 보겠습니다.**
ga bogesseumnida.

- Эрүүл мэндээ бодоорой.
  에룰 멘데 버더러이
  **건강 조심하세요.**
  geongang josimhaseyo.

- Өдрийг сайхан өнгөрөөгөөрэй.
  우드리그 사이항 옹고로고레이
  **좋은 하루 되세요.**
  jo'eun haru doeseyo.

- Сайн яваад ирээрэй.(Болгоомжтой яваад битгий оройтоорой.)
  사인 야와드 이레레이(벌검찌테 야와드 비트기 어러이터러이)
  **잘 다녀오세요.(조심하고 늦지 마세요)**
  jal danyeo'oseyo.(josimahago neutji maseyo.)

- Уучлаарай түрүүлээд явлаа.
  오치라래 투루레드 야브라
  **실례지만 먼저 갈게요.**
  silryejiman meonjeo galkkeyo.

## Тавдугаар хичээл. Асуулт ба хариулт

### 제5과  질문과 답변:

- Таны нэрийг хэн гэдэг вэ?
  타니 네리그 헨 게데그 웨?
  **이름이 뭐예요?**
  Ireum'i mwoyeyo?

- Намайг Болор гэдэг.
  나마이그 벌러르 게덱
  **저는 버러르라고 해요.**
  jeoneul hoserago haeyo.

- Хэн бэ?
  헨 베?
  **누구예요?**
  nuguyeyo?

- Цагдаа байна.
  차그다 바인
  **경찰입니다.**
  gyeongchal'imnida.

- Ямар ажил хийдэг бэ?
  야마르 아질 히득 웨?
  **무슨 일을 하세요?**
  museun il'eul haseyo?

- Би орчуулга хийж байна.
  비 어르촐가 히지 밴
  **저는 번역을 하고 있어요.**
  jeoneun beonyeog'eul hago isseoyo.

- Хаанаас ирсэн бэ?
  하나스 이르셍 베?
  **어디에서 오셨어요?**
  eodi'eseo osyeosseoyo?

- Дэжоноос ирсэн.
  대전너스 이르셍
  **대전에서 왔어요.**
  daejeon'eseo wasseoyo.

- Одоо хаана байна вэ?
  오또 한: 바인 웨?
  **지금 어디에 계세요?**
  jigeun eodi'e gyeseyo?

- Гунжуд байна.
  공주드 바인
  **공주시에 있어요.**
  gongjusi'e isseoyo.

- Гэр тань хаана вэ?
  게르 탄 한: 웨?
  **집은 어디에요?**
  jib'eun eodiyeyo?

- Манай гэр Итэвонд байдаг.
  마나이 게르 이태원드 바이득
  **저의 집은 이태원에 있어요.**
  jeo'ui jib'eun itaewone isseoyo.

- Та хэдэн настай вэ ?
  타 헤든 나스테이 웨?
  **몇 살이에요?**
  myeot sal'i'eyo.

- 20 настай.
  허린 나스타이
  **스무살이에요.**
  seumusal'i'eyo.

- Өнөөдөр хэдэн бэ?
  오노:드르 헤든 베?
  **오늘 며칠이에요?**
  oneul myeochil'i'eyo?

- Өнөөдөр 2008оны 8-р сарын 10-ны өдөр.
  오노:드르 헌린 미얀강 나인 언니 나인 도가르 사린 아르방 우드르
  **오늘은 2008년 8월 10일 입니다.**
  oneul'eun icheonpalnyeon palwol sib'il'iminda.

- Өнөөдөр ямар гариг вэ?
  오노:드르 야마르 가릭 웨?
  **오늘 무슨 요일이에요?**
  oneul museun yoil'i'eyo?

● Өнөөдөр Бямба гариг.
　오노:드르 "'바 가릭
　**오늘은 토요일입니다.**
　oneul'eun toyo'il'imnida.

● Хэдэн цагт сургууль явах вэ?
　헤든 착트 소르골 야와흐 웨?
　**몇시에 학교에 가요?**
　myeotsi'e hakgyo'e gayo?

● Хаашаа явах вэ?
　하샤 야와흐 왜?
　**어디에 가요?**
　eodi'e gayo?

● Юугаар ирсэн бэ?
　요가르 이르셍 베?
　**무엇을 타고 왔어요?**
　mueoseul tago wasseoyo?

● Өнөөдөр цаг агаар ямар байна?
　오노:드르 착 아가르 야마르 밴?
　**오늘 날씨는 어때요?**
　oneul nalssineun eoddaeyo?

● Их халуун байна.
　이흐 할룽 바인
　**매우 더워요.**
　mae'u deowoyo.

● Энэ юу вэ?
　엔 요 웨?
　**이것은 무엇이에요?**
　igeoseun mueosi'eyo?

● Тэр хэнийх вэ?
　테르 헤니흐 웨?
　**그건 누구꺼예요?**
　geugeon nugukkeoyeyo?

● Сүүлийн үед юу хийж байна?
　술:린 우이드 요 히지 바인?
　**요즘 뭐하세요?**
　yojeum mwo haseyo?

● Солонгосоос Монгол хүртэл онгоцоор явахад хэдэн цаг зар цуулах вэ?
　설렁거서스 멍걸 후르텔 언거처르 야와하드 헤든 착 자르출라흐 베?
　**한국에서 몽골까지 비행기로 얼마나 걸려요?**
　hangug'eseo pilipinkkaji bihaenggiro eolmana geolryeoyo?

● Сөүлээс Дежон хүртэл хэр хол вэ?
　서울레스 대전 후르텔 헤르 헐 베?
　**서울에서 대전까지 얼마나 멀어요?**
　seoul'eseo daejeonkkaji eolmana meol'eoyo?

● Хэзээ гэрлэсэн вэ?
　헤쩨 게르레슨 베?
　**언제 결혼해요?**

eonje gyeolhonhaeyo?

● Одоо болсон уу?
　오또 벌스노?
　**이제 됐어요?**
　ije dwaesseoyo?

● Юуг хүсэж байна?
　요그 후세지 바인?
　**어느 것을 원해요?**
　eoneugeoseul wonhaeyo?

● Яагаад уурласан бэ?
　야가드 오오르라슨 베?
　**왜 화 났어요?**
　wae hwa nasseoyo?

● Тэр эмэгтэй байхгүйгээс.
　테르 에멕테이 바이흐구이게스
　**그녀가 없어서요.**
　geinyeoga eobsseoseoyo.

● Юу гэнээ?
　요 세네?
　**뭐라고요?**
　mworagoyo?

● Одоо хийх ажил байгаа юу?
　어더 히흐 아질 바이가 요?

아직도 할 일 있어요?
ajikdo hal il isseoyo?

- Байгаа.
  바이가
  **있어요.**
  isseoyo.

- Юм асууж болох уу?
  욤 아소:지 벌러호?
  **여쭤봐도 되겠습니까?**
  yeojjwobwado doegesseumnikka?

- Идэж болох уу?
  이떼찌 벌러호?
  **먹어도 돼요?**
  meog'eodo dwaeyo?

- Одоо явах хэрэгтэй юу?
  오또 야와흐 헤렉테이 요?
  **지금 가야 해요?**
  jigeum gaya haeyo?

- Энэ хаана вэ?
  엔 한: 웨?
  **여기가 어디예요?**
  yeogiga eodoyeyo?

- Амттай байна уу?

암트타이 바이노?
**맛있어요?**
masisseoyo?

● Амтгүй байна уу?
암트구이 바이노?
**맛 없어요?**
mat eobsseoyo?

● Ойлгосон уу?
어일거스노?
**알겠어요?**
algesseoyo?

● Мэдэхгүй.
메데흐구이
**모르겠어요.**
moreugesseoyo.

● Одоо завгүй байна уу?
오또 자브구이 바이노?
**지금 바빠요?**
jigeum babbayo?

● Өвдсөн үү?
읍드스노?
**아파요?**
apayo?

● Би яаж туслах вэ?

비 야지 토스라흐 웨?
**무엇을 도와 드릴까요?**
mueoseul dowa deurilkkayo?

- Ta Монгол хүн биш биз?
  타 멍걸 훈 비쉬 비즈?
  **당신은 몽골 사람이 아닙니까?**
  dangsin'eun pilipin saram'i animnikka?

- Тиймээ, би Монгол хүн бишээ.
  티메, 비 멍걸 훈 비쉬
  **예, 저는 몽골 사람이 아니에요.**
  ye, jeoneun pilipin saram'i aniyeyo.

- Үгүй, би Монгол хүн.
  우구이, 비 멍걸 훈
  **아뇨, 저는 몽골 사람입니다.**
  anyo, jeoneun pilipin saram'imnida.

- Ахиад зооглоно уу.
  아히아드 저:글노
  **좀 더 드세요.**
  jom deo deuseyo.

- Сайхан хооллолоо. Баярлалаа.
  사이항 헐:러 바야를라
  **많이 먹었어요. 고맙습니다.**
  mani meog'eosseoyo. gomabseumnida.

- Хийж чадах уу?

히지 차다흐 오?
**할 수 있겠어요?**
hal su itgesseoyo?

● Би хийнэ.
비 힌
**저가 하겠습니다.**
jeoga hagesseumnida.

● Би хийсэн.
비 히셍
**저가 했습니다.**
jeoga haesseumnida.

● Ахиад хэлнэ үү.
아히아드 헬누
**다시 말하세요.**
dasi malhaseyo.

● Тиймээ. Тэгэлгүй яахав.
티메 테겔구이 야하브
**네, 물론이에요.**
ne, mulron'i'eyo.

● Монгол хэлээр ярьж чадах уу?
멍걸 헬레르 야리지 차다호?
**몽골어 할 줄 아세요?**
ddagalrogeu'eo hal jul asevo?

## Зургаадугаар хичээл. Талархал, уучлал
### 제6과 감사와, 사과:

● Үнэхээр баярлалаа.(баярлалаа)
 우네헤르 바야를라(바야를라)
 **대단히 감사합니다(고맙습니다)**
 daedanhi gamsahamnida(gomabseumnida)

● Зүгээрээ
 주게레
 **천만에요.**
 cheonman'eyo.

● Уучлаарай.
 오오치라라이
 **미안합니다(죄송합니다)**
 mianhamnida.(joesonghamnida.)

● Уучлаарай.(일반적인 양해를 구할 때)
 오오치라라이
 **실례합니다.**
 silryehamnida.

● Уучлаарай.(옆을 지나치거나 장소를 통과할 때)
 오오치라라이
 **실례합니다.**
 silryehamnida.

- Уучлаарай.(회의장 등에서 주의를 끌기 위해)
  오오치라라이
  **실례합니다.**
  silryehamnida.

- Зүгээрээ
  주게르
  **천만에요.**
  cheonman'eyo.

- Үгүй ээ. Би харин ч баярлах хэрэгтэй.
  우구이 에. 비 하린 치 바야르라흐 헤렉테이
  **아니에요. 오히려 제가 고마워야 해요**
  ani'eyo. ohiryeo jega gomawaya haeyo.

- Ганц удаа өршөөнө үү.
  간츠 오따: 오르쇼누
  **한번만 용서해 주세요.**
  hanbeonman yongseohae juseyo

- Тусалсанд баярлалаа.
  토살산드 바야를라
  **도와주셔서 감사합니다.**
  dowa jusyeoseo gamsahamnida.

- Хүрэлцэн ирсэнд баярлалаа.
  후렐첸 이르슨드 바야를라
  **와 주셔서 감사합니다.**
  wa jusyeoseo gamsahamnida.

## Долоодугаар хичээл. Гуйлт, зөвлөгөө
### 제7과 부탁, 권유

● Ус өгнө үү?
오스 오그누?
**물을 주시겠어요?**
mul'eul jusigesseoyo.

● Улаан лоолийн жүүс уух уу?
올랑 러린 주스 오오호?
**토마토 쥬스 드시겠어요?**
tomato jyuseu deusigesseoyo?

● Надад туслана уу?
나다드 토슬노?
**좀 도와 주시겠어요?**
jom dowa jusigesseoyo?

● Энд таихи татаж болох уу?
엔드 타이히 타타지 벌러호?
**여기서 담배 피워도 돼요?**
yeogiseo dambae piwodo dwaeyo?

● Тавтай морилно уу.
타우태 머릴노
**어서 들어오세요.**
eoseo deul'eo'oseyo.

● Сууна уу..
  소:노
  **앉으세요**
  **anjeuseyo.**

● Хөгжим сонсох уу?
  흑짐 성서호?
  **음악 들으시겠어요?**
  **eum′ag deul′eusigesseoyo?**

● Зах хүртэл хүргэж өгөх үү?
  자흐 후르텔 후르게지 오고후
  **시장까지 태워 주시겠어요?**
  **sijangkkaji taewo jusigesseoyo**

● **당신 집까지 태워 드리겠습니다.**
  **dangsin jibkkaji taewo deurigesseumnida.**
  Таны гэр хүртэл хүргэж өгье.
  타니 게르 후르텔 후르게지 오기예

● Хоол идэхээр явцгаая.
  헐 이데헤:르 야우츠가이
  **식사하러 갑시다.**
  **siksahareo gabsida.**

● Кофе уухуу?
  커피 오오호?
  **커피 마시겠어요?**
  **keopi masigesseoyo?**

- Оройтчихлоо. Явцгаая.
  어러이트치흐러 야우츠가이
  **늦었어요. 돌아 갑시다.**
  neujeosseoyo. dol'a gabsida.

- Нааш ир.
  나쉬 이르
  **이리 오세요.**
  iri oseyo.

- Болгоомжлоорой.
  벌검:지러러이
  **조심하세요.**
  josamhaseyo.

- Тайвширна уу.
  태우쉬르노
  **진정하세요.**
  jinjeong haseyo.

- Хүлээнэ үү.
  훌레:누
  **좀 기다리세요**
  jom gidariseyo

- Түр хүлээнэ үү.
  투르 훌레:누
  **잠깐만요.**
  jamkkanmanyo

● Тайван хийнэ үү.
  타완 히:누
  **천천히 하세요**
  cheoncheonhi haseyo.

● Хурдан хийнэ үү.
  호르당 히:누
  **빨리 하세요.**
  bbalri haseyo.

● Монгол хэл зааж өгнө үү.
  멍걸 헬 자:찌 오그누
  **몽골어 가르쳐 주세요.**
  pilipine'o gareuchyeo juseyo

● Одооноос эхлээд англи хэл сурна.
  어더느스 에흐레드 앙글리 헬 소르느
  **지금부터 영어공부 해요.**
  jigeumbuteo yeong'eo gongbu haeyo.

● Түр үзүүлнэ үү.
  투르 우줄:누
  **잠깐 보여 주세요.**
  jamkkan boyeo juseyo.

● Явцгаая.
  야우츠가이
  **갑시다.**
  gabsida.

● Битгий яваарай.
비트기 야와라이
**가지 마세요.**
gajimaseyo.

● Битгий ирээрэй.
비트기 이래래이
**오지 마세요.**
oji maseyo.

● Битгий хүлээгээрэй.
비트기 홀레게레이
**기다리지 마세요.**
gidariji maseyo.

● Хэлнэ үү.
헬누
**말하세요.**
malhaseyo.

● Битгий хэлээрэй.
비트기 헬레레이
**말하지 마세요.**
malhaji maseyo.

● Асуудал байхгүй.
아소들 바이흐구이
**문제 없습니다.**
munje eobseumnida.

- Үнэхээр үү?
  우네헤루?
  **정말이에요?**
  jeongmal'i'eyo?

- Битгий санаа зовоорой.
  비트기 사나 저워러이
  **걱정하지 마세요.**
  geogjeonghaji maseyo

- Битгий айгаарай.
  비트기 아이가:래이
  **무서워하지 마세요.**
  museowohaji maseyo.

- Наашаа ирнэ үү.
  나샤 이르누
  **이리 오세요.**
  iri oseyo.

- Чимээгүй байгаарай.
  치메구이 바이가:라이
  **조용히 하세요.**
  joyonghi haseyo.

- Битгий мартаарай.
  비트기 마르타라이
  **잊지 마세요.**
  itji maseyo.

- Битгий уйлаарай.
  비트기 오일라라이
  **울지 마세요.**
  ulji maseyo.

- Битгий инээгээрэй.
  비트기 이네게레이
  **웃지 마세요.**
  utji maseyo.

- Инээгээрэй.
  이네게레이
  **웃으세요.**
  useuseyo.

- Битгий оройтоорой.
  비트기 어러이터러이
  **늦지 마세요.**
  neutji maseyo.

- Үүнийг заавал худалдаж авч өгөөрэй.
  우우니그 자:왈 호달다쯔 아브치 오고레이
  **그것 꼭 사 주세요.**
  geugeot kkog sa juseyo.

- Амлалтаа биелүүлээрэй.
  암랄타 비예룰레레이
  **약속 지키세요.**
  yagsog jikiseyo.

- Өөр хүнд битгий хэлээрэй.
  우르 훈드 비트기 헬레레이
  **다른 사람에게 말하지 마세요.**
  dareun saramege malhaji maseyo.

- Аймаар байна.
  아이마르 바인
  **무서워요.**
  museoyo.

- Эрч хүчтэй байгаарай.
  에르치 후치테 바이가:라이
  **힘내세요.**
  himnaeseyo.

- Битгий тохуурхаарай.
  비트기 터호르하라이
  **놀라지 마세요.**
  nolaji meseyo.

- Битгий уурлаарай.
  비트기 오오르라라이
  **화내지 마세요.**
  hwanaeji maseyo.

- Битгий шантраарай /урам хугараарай.
  비트기 샨트라래/ 오람 호가라:라이
  **실망하지 마세요.**
  silamnggaji meseyo.

- Битгийняцаарай.
  비트기 냐차:라이
  **포기하지 마세요.**
  pogi haji maseyo.

- Хичээл зүтгэлээ гаргана уу.
  히첼: 주트겔레 가르가노.
  **최선을 다 하세요.**
  choeseon'eul da haseyo.

- Уйтгартай байна.
  오이즈가르태 바인
  **우울해요.**
  u'ulhaeyo.

## Наймдугаар хичээл. Утас залгах авах
## 제8과 전화걸기와 받기:

● Байна уу? 345-6789 дугаар мөн үү?
  밴 오? 345-6789 도가르 모누?
  **여보세요. 345국에 6789번입니까?**
  yeoboseyo,samsa'ogug'e yugchilpalgubeon'imnikka?

● Ким багшийн гэр мөн үү?
  김 박쉰 게르 모누?
  **김 선생님 댁입니까?**
  Kim seonsaengnim daeg'imnikka?

● Паг багш байна уу?
  팍 박쉬 바이노?
  **박 선생님 계세요?**
  bag seonsaengnim gyeseyo?

● И багштай утсаар ярьж болох уу?
  이 박쉬태이 오트사르 야리지 벌러호?
  **이 교수님과 통화할 수 있습니까?**
  I gyosunimgwa tonghwahal su isseumnikka?

● Би Болор байна.
  비 벌러르 바인
  **저는 비러르예요.**
  jeoneun pedeuroyeyo.

● Хэн бэ?
  헨 베?
  **누구세요?**
  nuguseyo

● Болд нь одоохондоо энд алга.
  벌드 은 어더헌더 엔드 알라가
  **벌드는 지금 여기 없어요.**
  huan'eun jigeum yeogi oebsseoyo

● Тэр хүн хүнтэй утсаар ярьж байна.
  테르 훈 훈테이 오트사르 야리지 바인
  **그 분은 통화중이에요.**
  geu bun'eun tonghwajung'iyeyo

● Дугаараа буруу залгасан байна.
  도가라 보로 잘가슨 바인
  **전화 잘못 걸었어요.**
  jeonhwa jalmot geol'eosseoyo.

● Сайн дуулдахгүй байна.
  사인 돌:다흐구이 바인
  **잘 안 들려요.**
  jal an deulyeoyo.

● Жоохон чанга ярьна уу.
  자:항 찬가 야리노
  **좀 더 크게 말하세요.**
  jom deo keuge malhaseyo.

● Жоохон хүлээнэ үү.
자:항 홀레누
**잠깐만 기다려 주세요.**
jamkkanman gidaryeo juseyo.

● Одоохондоо завгүй болохоор дараа залгая.
오또헌더 자우구이 벌러허르 다라 잘가이
**지금 바쁘니까 나중에 연락드릴게요.**
jigeum babbeunikka najung'e yeonragdeurilkeyo

● Хурдан хэлнэ үү.
호르당 헬누
**빨리 말하세요.**
bbalri malhaseyo.

● Ямар ажлаар утасдсан вэ?
야마르 아질라르 오타스드슨 웨?
**무슨 일로 전화하셨어요?**
museun ilro jeonhwahasyeosseoyo

제 8 과

## Есдүгээр хичээл. Үнэ
## 제 9 과　가격

- Энэ ямар үнэтэй вэ?
  엔 야마르 운테이 웨?
  **이거 얼마예요?**
  igeo eolmayeyo?

- зуун төгрөг
  종 투그룩
  **100 투기릭예요.**
  baek tugirigieyo.

- хэтэрхий үнэтэй байна.
  헤테르히 운테이바인
  **너무 비싸요.**
  neomu bissayo.

- хямдруулж өгнө үү.
  햠드롤지 오그누
  **깎아 주세요.**
  kkakk'a juseyo.

- мөнгө дутаж байна.
  뭉그 도타지 바인
  **돈이 모자라요.**
  don'i mojarayo.

● хариулт мөнгө өгнө үү.
  하리올트 문그 오그누
  **거스름돈 주세요.**
  geoseureumdon juseyo.

● хариулт мөнгө буруу өгсөн.
  하리올트 문그 보로 오그승
  **잔돈 잘못 주셨어요.**
  chjadon jalmot jusyeosseoyo.

● энэ хариулт мөнгө .
  엔 하리올트 문그
  **잔돈 여기 있어요.**
  chjadon yeogi isseoyo.

● үүнийг худалдаж авья.
  우니그 호달다지 아브야
  **이걸 사겠어요.**
  igeol sagesseoyo.

● энийг авч явья.
  엔니그 아브치 야브야
  **이걸 가져가겠어요.**
  igeol gajyeogagesseoyo.

● мөнгөний баримт өгнө үү.
  문그이 바림트 오그누
  **영수증 주세요.**
  yeongsujeung juseyo.

## Аравдугаар хичээл. Эд зүйлс худалдан авах
### 제10과 물건사기

- энд ойрхон зах байгаа юу?
  엔드 어이르헌 자흐 바이가 요?
  **여기 근처에 시장이 있습니까?**
  yeogi geuncheo'e sijang'i isseumnikka?

- юу хайж байна вэ?
  요 하이쯔 바인 웨?
  **무엇을 찾으세요?**
  mueoseul chajeuseyo?.

- би хувцас худалдаж авмаар байна.
  비 호우차스 호달다지 아마르 바인
  **저는 옷을 사고 싶어요.**
  jeoneun oseul sago sip'eoyo.

- энэ ямар байна ?
  엔 야마르 바인
  **이것은 어때요?**
  igeoseun eoddaeyo?

- энэ ямар үнэтэй вэ?
  엔 야마르 운테이 웨?
  **이거 얼마예요?**
  igeo eolmayeyo?

- тэр нь хорин мянган вон.
  테른 허린 먕강 원
  **그거 이만원이에요.**
  geugeo imanwon'i'eyo.

- дэндүү үнэтэй байна.
  덴두 운테이 바인
  **너무 비싸요.**
  neomu bissayo.

- жоохон хямдруулж өгнө үү.
  자:항 햠드롤찌 오그누
  **좀 깎아 주세요.**
  jom kkakk'a juseyo.

- мянган төгрөг хямдруулж өгье.
  먕강 투그룩 햠드롤지 오기예
  **천원 깎아 드릴게요.**
  cheonwon kkakk'a deurilkkeyo.

- хоёр мянган вон хямдруулж өгнө үү.
  허요르 먕강 원 햠드롤찌 오그누
  **이천원 깎아 주세요.**
  icheonwon kkakk'a juseyo.

- илүү хямд байхгүй юу?
  일루 햠드 바이흐구이 요?
  **더 싼 것은 없어요?**
  deo ssan geoseun eobsseoyo?

● таван мянган вонынх байгаа юу?
타왕 먕강 원닌흐 바이가 요?
**오천원짜리 있어요?**
ocheonwonjjari isseoyo?

● энийг сольж өгнө үү.
에니그 설리지 오그누
**이것 좀 바꿔 주세요.**
igeot jom bakkwo juseyo.

● боож өгнө үү.
버:지 오그누
**포장해 주세요.**
pojanghae juseyo.

● зургаан настай хүн орхоодой 1кг-ыг авмаар байна
조르간 나스테이 훈 어르허:더이 네그 킬로 아브마르 바인
**6년생 인삼 1 키로 사고 싶은데요.**
yuknyeonsaeng insam il kiro sago sip'eundeyo.

● зургаан жилийнх нь байгаа юу?
조르간 질린흐 은 바이가 요?
**육년짜리 있어요?**
Yuknyeonjjari isseoyo?

● нэг хайрцаг нь гучин мянган вон.
네그 하이르차근 고친 먕강 원
**한 통에 삼 만원이에요.**
han tong'e sam manwon'i'eyo.

- таван оныхыг нь үзүүлнэ үү.
  타완 언니히그 은 우줄:누
  **오년짜리 보여 주세요.**
  onyeonjjari boyeo juseyo.

- нэг хайрцагандаа хэдэн ширхэг орсон байгаа вэ?
  넥 하이르착안다 헤든 쉬르흑 어르슨 바이가 웨?
  **한통에 몇 개 들어 있어요?**
  hantong'e myeot gae deul'eo isseoyo?

- энэ хэдэн оных вэ?
  앤 헤든 어니흐 웨?
  **이건 몇 년짜리예요?**
  igeon myeot nyeonjjariyeyo?

- энд хүн орхоодойн цай зарлаг уу?
  엔 훈 어르허:더인 채 자르라고?
  **여기 인삼차 팔아요?**
  yeogi insamcha palayo?

- бүгд нийлээд арван гурван мянган вон.
  북드 니일레드 아르방 고르방 먕강 원
  **전부 합해서 만 삼천 원입니다.**
  jeonbu habchyeoseo man samcheon won'imnidsa.

- алим нэг ширхэг нь ямар үнэтэй вэ?
  아림 네그 쉬르흐근 야마르 운테이 왜?
  **사과 한 개 얼마예요?**
  sagwa han gae eolmayeyo?

- алим дөрвөн ширхэг нь мянган төгрөг .
  아림 두르분 쉬르흐근 먕강 투그룩
  **사과 네 개 천원이에요.**
  sagwa ne gae cheonwon'i'eyo.

- энэ муудсан .
  엔 모드슨
  **이거 상했어요.**
  igeo sanghaesseoyo.

- тэр нь чихэрлэг амттай юу?
  테른 치헤르륵 암트타이 요?
  **그거 달아요?**
  geugeo dal'ayo?

- зургаан ширхэг өндөг өгнө үү.
  조르간 쉬르흑 운득 오그누
  **계란 여섯 개 주세요.**
  gyeran yeoseot gae juseyo.

- цэнхэр хувцас нь хэд вэ?
  첸헤르 호우차슨 헤드 웨?
  **파란 옷은 얼마에요?**
  paran oseun eolmayeyo?

- илүү сайн юм байхгүй юу?
  일루 샌 욤 바이흐구이 요?
  **더 좋은 거 없어요?**
  deo jo'eun geo eobseoyo?

- өөр юм байна уу?
  
  우르 욤 바이노?
  
  **다른 것 있어요?**
  
  dareun geot isseoyo?

- чанар нь ямар байна?
  
  차나른 야마르 바인?
  
  **품질은 어때요?**
  
  pumjil'eun eoddaeyo?

- Үүний хэрэглэх аргыг зааж өгнө үү
  
  우우니 헤렉레호 아르기그 자지 오그누
  
  **이것의 사용방법을 가르쳐 주세요.**
  
  igeosui sayongbangbeob'eul gareuchyeo juseyo.

- Бүгдийг нь зарсан.
  
  부그디근 자르슨
  
  **다 팔았습니다.**
  
  da palasseumnida.

◆ нөхөр (N): 남편  ◆ эхнэр(A): 아내

- N:오늘 쇼핑하러 갑시다.
  
  oneul shyopinghareo gabsida.
  
  **Өнөөдөр дэлгүүр явья.**
  
  오노:드르 델구:르 야브야

- A:지금 가요?
  
  jigeum gayo?

Одоо явах юмуу?
오도 야와흐 유모?

● И:응, 갈 준비해요.
eung, gal junbihaeyo.
Тийм. Явах бэлтгэл хийгээрэй.
팀. 야와흐 벨트겔 히게레이

● A:좀 기다려 주세요.
jom gidaryeo juseyo.
Жаахан хүлээнэ үү.
자:항 홀레누

● N:당신 어느 옷을 입어요?
dangsin eoneu oseul ib'eoyo?
Та аль хувцасаа өмсөх вэ?
타 아일 호우차사 움수흐 웨?

● A:붉은 색 원피스를 입겠어요.
bulgeun saeg wonpisreul ibgesseoyo.
Гэгээлэг өнгөтэй даашинз өмсье
게게렉 옹고테이 다:신쯔 움시예

● A:새 옷이 없어요.
sae osi eobseoyo.
шинэ хувцас байхгүй.
신 호브차스 바이흐구이

● N:필요한 거 있으면 말해요.

pilyohan geo isseumyeon malhaeyo.
Хэрэгтэй зүйл байвал хэлнэ үү.
헤렉테이 주일 바이블 헬누

● A:조금만 사겠어요.
jogeumman sagesseoyo.
Бага зэрэг л худалдаж авья.
바그 제레글 호달다지 아브야

● N:난 당신에게 많이 사주고 싶어요.
nan dangsin'ege mani sagugo sipeoyo.
Би таньд олныг авч өгмөөр байна.
비 탄드 얼니그 아브치 오그무르 바인

● A:당신 사랑에 행복해요.
dangsin sarang'e haengboghaeyo.
Таны хайранд аз жаргалтай байна.
타니 하이란드 아쯔 자르갈타이바인

● N: 당신 행복이 내 행복이에요.
dangsin haengbog'i nae haengbog'i'eyo.
Таны аз жаргал нь миний аз жаргал.
타니 아쯔 자르갈른 미니 아쯔 자르갈

● N:우리 모두 행복해야지요.
uri modu haengboghaeyajiyo.
Бид бүгд аз жаргалтай байх ёстой.
비드 북드 아쯔 자르갈태 바이흐 요스토이

● A:화장 어때요?

hwajang eoddaeyo?

Нүүр будалт ямар байна?

누르 보달트 야마르 바인?

● N:화장 안 해도 항상 예뻐요.

hwajang an haedo hangsang yebbeoyo.

Нүүрээ будаагүй ч хэзээд хөөрхөн.

누레 보달구이 치 헤제드 호:르훈

● A:농담하지 마세요.

Nongdamhaji maseyo.

Битгий тогло л доо.

비트기 터그럴더

● N:나에게 당신 제일 예뻐요.

Na'ege dangsin je'il yebbeoyo.

Надад та хамгаас хөөрхөн.

나다드 타 함가스 호:르훈

● A:고마와요. 빨리 가요.

gomawayo. bbalrigayo.

Баярлалаа. Хурдан явья.

바야를라 호르당 야브야

● N:늦겠어요. 택시 타요.

neutgesseoyo. taeksi tayo.

Хоцрох нь. Таксинд сууя.

허츠러혼 택신드 소야

● N:무슨 색 옷을 좋아해요?

Museun saeg oseul joahaeyo?
Ямар өнгийн хувцасанд дуртай вэ?
야마르 옹깅 호우차산드 도르타이 왜?

● A:분홍색이에요. 그런데 왜요?
bunhongsaeg'i'eyo. geureonde waeyo?
Ягаан өнгө. яасан?
야강 옹고 야:상?

● N:당신이 좋아하는 색을 알고 싶어요.
dangsin'i jo'ahaneun saegeul algo sipeoyo.
Таны дуртай өнгийг мэдмээр байна.
타니 도르태 옹기그 메드메르 바인

● N:이 옷이 어때요?
I osi eoddaeyo?
Энэ хувцас ямар байна?
엔 호브차스 야마르 바인

● A:별로예요.
byeolroyeyo.
Нэг их гоё биш.
네그 이흐 거이 비쉬

● A:그건 유행이 지난 옷이에요.
geugeon yuhaeng'i jinan osi'eyo.
Тэр нь хоцрогдсон моодтой хувцас.
테르 허츠럭드슨 머드태 호브차스

● N:그것 마음에 안 들면 다른 거 골라 봐요.

geugeot ma'eum'e andeulmyeon dareun geo golra bwayo.
Тэр сэтгэлд тань таарахгүй бол өөр хувцас сонгоорой.
테르 세트겔드 탄 타:라흐구이 벌 오오르 호브차스 선거러이

● A:입을 만한 옷이 없어요.
ib'eul manhan osi eobseoyo.
Өмсчихмөөр хувцас байхгүй байна.
움스치흐무르 호브차스 배흐구이 바인

● N:이 옷이 마음에 들어요.
I osi ma'eum'e deul'eoyo.
Энэ хувцас таалагдаж байна.
엔 호우차스 탈라그다지 바인

● N:괜찮네요. 한번 입어 봐요.
gwaenchanneyo. hanbeon ib'eo bwayo.
Зүгээр юм аа. Өмсөөд үз.
주게르 욤 아 움수드 우찌예

● A:어때요? 날씬해 보여요?
eoddaaeyo? nalssinhae boyeoyo?
Ямар байна? Туранхай харагдаж байна уу?
야마르 바인? 토란하이 하락다찌 바이노?

● N:이 옷 사요. 당신한테 잘 어울려요.
I ot sayo. dangsinhante jal eo'ulryeoyo.
Энэ хувцасыг авья. Таньд гоё зохиж байна.
엔 호브차시그 아브야. 탄드 고이 저히지 바인

● A:마음에 들어요. 고마와요.

Ma'eum'e deul'eoyo. gomawayo
Надад таалагдаж байна. баярлалаа.
나다드 탈락다쯔 바인. 바야를라

● **N:마음에 들었다니 나도 기분이 좋아요.**
Ma'eum'e deul'eotdani nado gibuni jo'ayo.
Сэтгэлд нь таарсан болохоор миний сэтгэл ч гэсэн сайхан байна.
세트겔드 은 타르슨 벌러허르 미티 세트겔 치 게승 사이항 바인

## Арваннэгдүгээр хичээл. Хоол

## 제11과 식사

◆ нөхөр(N): 남편 ◆ эхнэр(A): 아내

★ 집에서 식사하기: Гэртээ хооллох

● N:밥 먹자
bab meokja
хоолоо идэцгээе
헐:러 이데츠게이

● A:배가 많이 고프시죠?
baega mani gopeusijyo
Өлсөж байна уу?
울수지 바이노?

● N:오늘 뭐 줘요?
oneul mwo jwoyo
Өнөөдөр юу өгөх вэ?
오노:두르 요 오그흐 웨?

● A:당신이 좋아하는 음식 만들었어요.
dangsin'i jo'ahaneun eumsig mandeuleosseoyo.
Таны дуртай хоолыг хийсэн.
타니 도르타이 헐:리그 히셍

● N:고마워요. 와! 정말 맛있어요.

gomawayo. waa! jeongmal masisseoyo.

Баярлалаа. Маш их амттай байна.

바야를라 마쉬 이흐 암트타이 바인

● A:많이 드세요

Mani deuseyo.

Сайхан хооллоорой.

사이항 헐:러러이

● N:당신도 많이 드세요.

dangsindo mani deuseyo.

Та ч гэсэн сайхан хооллоорой.

타 치 게승 사이항 헐:러러이

● N:맛있게 만들었네요.

masitkke mandeuleotneyo.

амттай хийжээ.

암트타이 히:제

● A:정말이에요? (진짜예요?)

jeongmal'i'eyo? (jinjjayeyo?)

тийм үү? /үнэн үү/

티무? / 우누누

● N:예, 정말이에요. (예, 진짜예요.)

ye, jeongmal'i'eyo. (ye, jinjjayeyo.)

Тийм. Үнэн.

팀. 우넹

● A:조금 더 드세요.

jogeum deo deuseyo.

Нэмж идээрэй.

냄지 이데레이

● N:고맙지만 배불러요.

gomabjiman baebulreoyo.

Баярлалаа цадчихлаа.

바야를라 차드치흐라

● N:당신 요리솜씨가 참 대단해요.

dangsin yorisomssiga cham daedanhaeyo.

Таны хоолны чадвар маш сайн юм.

타니 헐:니 차드와르 마쉬 사인 윰

● A:무슨 음식을 좋아하세요?

mooseun eumsig'eul jo'ahaseyo

ямар хоолонд дуртай вэ?

야마르 헐:런드 도르타이 왜?

● N:불고기를 좋아해요.

bulgogireul jo'ahaeyo.

Бүлкугид дуртай.

불고기드 도르타이

● A:그거 나중에 만들어 줄게요.

geugeo najung'e mandeul'eo julkeyo.

Тэрийг дараа хийж өгье.

테리그 다라 히지 오기예

● N:내일 시장에 같이 가요.

nae'il sijang'e gachi gayo.

Маргааш зах руу хамт явья.

마르가쉬 자흐로 함트 야브야

● A:좋아요.

jo'ayo.

Сайн байна.

사인 바인

● N:필요한 것 있으면 애기해요.

pilyohan geot isseumyeon yaegihaeyo

хэрэгтэй зүйл байгаа бол хэлээрэй.

헤렉태 주일 바이가 벌 헬레레이

● A:식기 전에 드세요.

siggi jeon'e deuseyo.

Хөрөхөөс нь өмнө иднэ үү.

호로호:스는 우믄 이드누

● A:오늘 설거지 좀 해 주세요.

oneul seolgeoji jom hae juseyo.

Өнөөдөр аяга таваг угааж өгнө үү.

오노:드르 아야가 타왁 오가:찌 오그누

● N:우리 같이 하자.

uri gachi haja.

Бид хамт хийцгээе.

비드 함트 히츠게이

● A:당신 많이 말랐어요. 더 먹어요.
　　dangsin mani malrasseoyo. deo meog'eoyo.
　　Та их туржээ. Сайн идээрэй.
　　타 이흐 토르쩨. 사인 이데레이

● N:네, 많이 먹겠어요.
　　ne, mani meoggesseoyo.
　　За. Сайхан хооллосон.
　　자 사이항 헐:러승

● A:맛있게 드셨어요?
　　masitge deusyeosseoyo?
　　Сайхан хооллосон уу?
　　사이항 헐러스노?

● N:고마워요. 잘 먹었어요.
　　gomawayo. jal meogeosseoyo.
　　Баярлалаа сайхан хоолллолоо.
　　바야를라 사이항 헐러러이

● A:맛있는 거 많이 만들어 줄게요.
　　masitneun geo mani mandeul'eo julkeyo.
　　Амттай зүйл олныг хийж өгье.
　　암트타이 주일 얼니그 히지 오기예

★ 외식: Гадуур хооллох

● N:오늘 외식하러 가요.
　　oneul oesighareo gaja.

Өнөөдөр гадуур хоол идэцгээе.
오노:드르 가도르 헐: 이데츠게이

● A:네, 좋아요.
ne, jo'ayo.
За. Сайн байна.
자 사인 바인

● N:무엇을 먹고 싶어요?
mueoseul meoggo sipeoyo?
Юу идмээр байна?
요 이드메르 바인?

● N:먹고 싶은 거 무엇이든지 얘기해요.
meoggo sipeun geo mueosideunji yaegihaeyo.
Идэхийг хүсэж байгаагаа хэлнэ үү.
이데히그 후세지 바이가가 헬누

● A:아무거나 다 좋아요.
amugeona da jo'ayo.
Юу ч байсан болно.
요 치 바이승 벌른

● N:삼계탕을 주문할게요.
samgyetang'eul jumunhalkkeyo.
Самгетан захиалья.
삼게탕 자히알리야

● A:그거 매워요?

geugeo maewoyo?

Тэр халуун ногоотой юу ?
테르 할롱 너거터이 요?

● N:안 매워요.

an maewoyo.

Халуун ногоотой биш.
할롱 너거터이 비쉬

● A:그 음식을 먹을 수 있어요.

geu eumsig'eul meog'eul su isseoyo.

Тэр хоолыг идэж чадна.
테르 헐:리그 이떼찌 차든

● N:당신 많이 말랐어요.

dangsin mani malasseoyo.

Та их турсан байна.
타 이흐 토르슨 바인

● N:많이 먹고 살 좀 찌세요.

mani meoggo sal jom jjiseyo.

Сайн идэж жаахан таргалаарай.
샌 이데찌 자:항 타르갈라라이

● A:살찔려고 많이 먹고 있어요.

saljjilryeogo mani meoggo isseoyo.

Таргалах гээд их идэж байгаа.
타르갈라흐 게드 이흐 이데찌 바이가

● N:소주 같이 마실래요?

soju gachi masilraeyo?
Хамт сөжү үүх үү?
함트 수쭈 오오호?

● A:술을 못 마셔요.
sul'eul mot masyeoyo.
Архи ууж чадахгүй.
아르히 오오지 차다흐구이

● N:나 혼자 마시겠어요.
na honja masigesseoyo.
Би ганцаараа ууя.
비 간차라 오오이

● A:조금만 마셔요.
jogeumman masyeoyo.
Жоохон уу.
자ː항 오오

★ 식당에서 : Хоолны газарт

◆ Зочин(З): 손님 ◆ Үйлчлэгч (Y): 종업원

● З:창문 옆 테이블로 부탁해요.
changmun yeop te'ibeulro butakhaeyo.
Цонхны хажууд ширээ захиалья.
청흐니 하쪼드 쉬레 자히알리야

● Y:무엇을 주문하시겠어요?

mueoseul jumunhasigesseoyo?
Юу захиалах вэ?
요 자히알라흐 웨?

● 3:여기 특별히 추천하는 음식이 뭐예요?

yeogi teukbyeolhi chucheonhaneun eumsig'i mwoyeyo?
Эндхийн тусгайлан санал болгох ямар хоол байна?
엔드힌 토스가이랑 사날 벌거흐 야마르 헐: 바인?

● Y:다 맛있어요.

da masisseoyo.
Бүгд амттай.
북드 암트타이

● 3:뭐가 가장 빨리 나와요? 좀 바빠서.

mwoga gajang bbalri nawayo? jom babbaseo.
Аль хурдан бэлэн болох вэ? Зав бага байна.
아일 호르당 벨렌 벌러흐 웨? 자브 바그 바인

● Y:삼계탕과 불고기가 가장 빠릅니다.

samgyetang'gwa bulgogiga gajang bbareumnida.
Самгетан болон бүлкуги хамгийн хурдан бэлэн болно.
삼계탕 벌렁 불고기 함깅 호르당 벨렌 벌른

● 3:그렇다면 어느 것이 더 맛있어요?

geureotamyeon eoneu geosi deo masisseoyo?.
Тэгвэл аль нь илүү амттай вэ?
테그웰 아일른 일루 암트타이 웨?

● Y:손님 결정에 따르겠습니다.

sonnim gyeoljeong'e ddareugesseumnida.
Зочны саналыг дагая.
저치니 사날리그 다가이

● 3:좋아요. 삼계탕 두 개.
jo'ayo. samgyetang du gae.
Сайн байна. Самгетан хоёр ширхэг
샌사인 바인 삼계탕 허요르 쉬르훅

● Y:마실 것은 무엇을 드릴까요?
masil geoseun mu'eoseul deurilkkayo?
Уух юм нь юу авах вэ?
오오흐 유믄 요 아와흐 웨?

● 3:소주 두 병 주세요.
soju du byeong juseyo.
Хоёр шил сожу өгнө үү.
허요르 쉴 소주 오그누

● Y:삼계탕 나왔습니다.
samgyetang nawasseumnida.
Самгетан бэлэн боллоо.
삼계탕 벨렌 벌러

● Y : 맛있게 드세요.
masitke deuseyo.
Сайхан хооллоорой.
사이항 헐:러러이

● 3:계산해 주세요.

gyesanhae juseyo.
Тооцоогоо хийе.
터:처:거 히예

● Y:맛있게 드셨어요?
masitke deusyeosseoyo?
Сайхан хооллосон уу?
사이항 헐러스노?

# Арван хоёрдугаар хичээл. Бие, Өвчин, Эмчилгээ, Жирэмсэлт

## 제12과  몸, 병, 치료, 임신

### I. 신체 : Бие

● 키가 얼마예요?
kiga eolmayeyo?
  **Өндөр хэд вэ?**
  운두르 헤드 웨?

● 백 육십이에요.
baeg yugsib'i'eyo.
  **160см.**
  존 자릉 센티미터르

● 몸무게는 얼마예요?
mommugyeneun eolmayeyo?
  **Биеийн жин хэд вэ?**
  비인 징 헤드 웨?

● 사십 킬로예요.
sasib kilroyeyo.
  **40 КГ .**
  도친 킬로미터르

● 너무 말랐어요.
neomu malrasseoyo.

дэндүү турсан байна.
덴두 토르슨 바인

● 비만이군요.
biman'igunyo.
Бүдүүн махлаг юм аа.
부둥: 마흐락 유마

● 혈액형이 뭐예요?
hyeol'aekhyeong'i mwoyeyo?
Ямар цусны бүлэгтэй вэ?
야마르 초스니 불레그테이 웨?

● 많이 먹어서 살이 쪘어요.
mani meog'eoseo sal'i jjyeosseoyo.
Их идсэнээс таргалсан.
이흐 이드스네:스 타르갈상

● 적게 먹어서 살이 빠졌어요.
jeogke meog'eoseo sal'i bbajyeosseoyo.
Бага идсэнээс турсан
바가 이드스네:스 토르상

## II. 아플 때. : Өвдөхдөө

● 피곤해 보여요.
  pigonhae boyeoyo.
  Ядарсан харагдаж байна.
  야다르슨 하라그다지 바인

● 몸이 많이 아파요.
  mom'i mani apayo.
  Бие их өвдөж байна.
  비 이흐 옵두찌 밴

● 기분이 찌부듯해요. ?
  gibun'i jjibudeuthaeyo.
  Сэтгэл тавгүй байна.
  세트겔 타브구이 밴

● 감기에 걸렸어요.
  gamgi'e geolryeosseoyo.
  Ханиад хүрсэн.
  하니아드 후르셍

● 약을 먹었어요?
  yag'eul meogeosseoyo?
  Эм уусан уу?
  엠 오오스노?

● 토할 것 같아요.
  tohal geot gatayo.

Бөөлжих юм шиг байна.
불:지흐 윰 시그 바인

● 병원에 가 보세요.

byeongwon'e ga boseyo.

Эмнэлэг рүү явна уу.
엠네렉 로 야브노

● 배가 아파 일을 못하겠어요.

baega apa il'eul mothagesseoyo.

Гэдэс өвдөөд ажил хийж чадахгүй нь.
게데스 웁더드 아질 히지 차다흐구인

● 병원에 가서 진찰 받으세요.

byeongwon'e gaseo jinchal badeuseyo.

Эмнэлэгт очиж эмчийн үзлэгт орно уу.
엠네레그트 어치지 엠친 우쯔레그트 어르노

● 저는 병원에서 진찰 받았어요.

jeoneun byeong'eseo jinchal bad'asseoyo.

Би эмчийн үзлэгт орсон.
비 엠친 우쯔레그트 어르승

● 머리가 아파요.

meoriga apayo.

Толгой өвдөж байна.
털거이 웁더지

● 두통약을 사서 드세요.

dutongyag'eul saseo deuseyo.

**Толгойны эм аваад ууна уу.**

털거이니 엠 아와드 오오노

● **목이 아파요.**

mog'i apayo.

**Хоолой өвдөж байна.**

헐러이 웁드지 바인

● **술 마시지 마세요.**

sul masiji maseyo.

**Битгий архи уугаарай.**

비트기 아르히 오오가라이

● **주사를 놓겠어요.**

jusareul nokesseoyo.

**Тариа тарина.**

타리아 타리나

● **며칠 쉬세요.**

myeochil swiseyo.

**Хэдэн өдөр амарна уу.**

헤든 우두르 아마르노

● **관심 가져 주셔서 감사합니다.**

gwansim gajyeo jusyeoseo gamsahamnida.

**Анхаарал тавьсанд баяралалаа**

안하랄 타비상드 바야를라

◆нөхөр (N): 남편 ◆эхнэр(A): 아내

● N : 아이구! 아야!
a'igu! aya!
Яая. ёо
야아. 여

● A : 무슨 일이에요? 얼굴이 창백해요.
museun il'iyeyo? eolgul'i changbaeghaeyo.
Юу болсон юм? Нүүр чинь цонхигор байна.
요 벌슨 욤? 누르 친 청히거르 바인

● N : 배가 아파요.
baega apayo.
Гэдэс өвдөж байна.
게데스 옵더지 바인

● A : 언제부터 그랬어요?
eonjebuteo geuraesseoyo?
Хэзээнээс эхэлсэн бэ?
헤쩨네스 에헬슨 베?

● N : 어제 밤부터요. 실은 설사도 했어요.
eoje bambuteoyo. sil'eun seolsado haesseoyo.
Өчигдөр шөнөөс эхлээд. Шингэнээр гүйлгэсэн.
우칙드르 쇼노:스 에흘레드 신게네:르 구일게셍

● A : 토할 것 같지 않아요?
tohal geot gachi an'ayo?

Бөөлжис хүрэхгүй байна уу?
불찌스 후레흐구이 바이노?

● N : 이미 세 번 토했어요.
imi se beon tohaesseoyo.

Аль хэдийнээ гурван удаа бөөлжсөн.
알리 헤딘네 고르완 오따: 볼:지승

● A : 물 때문인지 모르겠어요. 병원에 가요.
mul ddaemun'inji moreugesseoyo. byeongwon'e gayo.

Уснаас болсон ч юм уу мэдэхгүй. Эмнэлэг рүү явна уу.
오스나스 벌슨 치 유모 메데흐구이. 엠네렉 로 야브노

III. 약국에서. : Эмийн санд

● 약국에 가는 길이예요.
yagkug'e ganeun gil'iyeyo.

Эмийн сан руу явж байна.
에민 상 로 야우지 바인

● 어디 아파요?
eodi apayo?

Хаана нь өвдөж байна?
한 은 웁더지 바인

● 감기에 걸려서 감기약 사려고요.
gamgi'e geolryeoseo gamgiyag saryeogoyo.

Ханиад хүрээд ханиадны эм авах гэсэн юм.
하니아드 후레드 하니아딘 엠 아와흐 게슨 욤

● 증상은 어때요?
   jeungsang'eun eoddaeyo?
   **Өвчний шинж тэмдэг нь ямар байна?**
   웁치니 신지 템덱 은 야마르 바인?

● 열이 나고 머리도 아파요.
   yeol'i nago meorido apayo.
   **Халуураад толгой өвдөж байна.**
   할로라드 털거이 웁더지 바인

● 이 약을 드세요.
   I yag'eul deuseyo.
   **Энэ эмийг ууна уу.**
   엔 에미그 오오노

● 이 약은 어떻게 먹어요?
   I yag'eun eoddeoke meog'eoyo?
   **Энэ эмийг яаж уух вэ?**
   엔 에미그 야지 오오흐 웨?

● 하루에 세 번 드세요.
   haru'e se beon deuseyo.
   **Өдөрт гурван удаа ууна уу.**
   우두르트 고르방 오따: 오오노

IV. 병원에서. **Эмнэлэгт**

◆ **Эмч (Э)**: 의사 ◆ **Өвчтөн(Ө)**: 환자

● ㄱ:어디가 아프세요?

　　eodiga apeuseyo?

　　**Юу нь өвдөж байна?**
　　윤 옵더지 바인

● ㄴ : 어제 밤부터 배가 아파요.

　　eoje bambuteo baega apayo.

　　**Өчигдөр шөнөөс эхлээд гэдэс өвдсөн**
　　오치그두르 쇼노:스 에흐레드 게데스 웁드승

● ㄱ:어제 저녁식사는 무엇을 먹었습니까?

　　eoje jeonyeogsigsaneun mueoseul meogeosseumnikka?

　　**Өчигдөр оройн хоолондоо юу идсэн бэ?**
　　오치그두르 어러인 헐런더 요 이드승 베?

● ㄴ:닭고기와 국수를 먹었습니다.

　　dakgogiwa guksureul meogeosseumnida.

　　**Тахианы мах, гурилтай шөл идсэн.**
　　타히아니 마흐, 고릴태 숄 이드셍

● ㄱ:잠깐 앉아 기다리세요.

　　jamkkan anja gidariseyo.

　　**Түр суугаад хүлээнэ үү.**
　　두루 소가드 훌레누

● ㄴ:저의 증상은 어떻습니까?

　　jeo'ui jeungsang'eun eoddeotseumnikka?

　　**Миний өвчний шинж тэмдэг ямар байна?**
　　미니 웁치니 신지 템덱 야마르 바인?

- э:단순한 식중독입니다.

    dansunhan sikjungdog'imnida.

    Хоолны хордлого хөнгөн тусж ээ.
    헐:니 허르드러거 홍공 토스제

- θ:심하지 않습니까?

    simhaji anseumnikka?

    Хүнд биш болов уу?
    훈드 비쉬 벌러보?

- э:심하지 않지만 조심해야 합니다.

    simhaji anchiman josimhaeya hamnida.

    Хүнд биш болов ч болгоомжлох хэрэгтэй.
    훈드 비쉬 벌러우 치 벌검:지러흐 헤렉테이

- θ:이 병은 어떻게 치료를 해요?

    I byeong'eun eoddeoke chiryoreul haeyo?

    Энэ эмнэлэг эмчилгээ яаж хийх вэ?
    엔 엠네렉 엠칠게 야지 히흐 왜?

- э:치료를 안 받아도 됩니다.

    chiryoreul an bad'ado doemnida.

    Эмчилгээ хийлгэхгүй байсан ч болно.
    엠치레 힐게흐구이 바이승 치 벌른

- θ:다행이네요.

    dahaeng'ineyo.

    Болж дээ.
    벌지 데

● ㅋ:이 약을 드시고 지켜보세요.
　I yag'eul deusigo jikyeoboseyo.
　Энэ эмийг уугаад үзнэ үү.
　엔 에미그 오오가드 우쯔누

● ㅋ:치료되지 않으면 다시 오세요.
　chiryodoeji an'eumyeon dasi oseyo.
　Эмчилгээ болохгүй бол дахиад ирээрэй.
　엠칠게 벌러흐구이 벌 다히아드 이레레이

V. 아내의 임신 : Эхнэрийн жирэмслэлт
V-1. 임신 증세 : Жирэмний шинж тэмдэг

◆ Нөхөр(N): 남편　◆ эхнэр(A): 아내

● A:몸이 좀 안 좋은 것 같아요.
　mom'i jom an jo'eun geot gatayo.
　Бие сайн биш байх шиг байна.
　비 샌 비쉬 바이흐 시그 바인

● И:언제부터 그랬어요?
　eonjebuteo geuraesseoyo?
　Хэзээнээс эхэлсэн бэ?
　헤쩨네스 에흘레승 베?

● A:며칠 전부터예요.
　yo myeochil jeonbuteoyeyo.
　Хэдэн өдрийн өмнөөс.
　헤든 우드린 우무노ː스

● **N:생리기간 아니에요?**

saengrigigan ani'eyo?

Сарын тэмдгийн үе биш билүү?
사린 템드긴 우이 비쉬 빌루?

● **A:생리 예정일이 좀 지났어요.**

saengri yejeong'ili jom jinasseoyo.

Сарын тэмдэг хугацаанаасаа жоохон өнгөрсөн.
사링 템덱 호가차나사 자:항 옹구르슨

● **N:혹시 임신했어요?**

hoksi imsinhaesseoyo?

Арай жирэмсэн болоогүй биз?
아라이 지렘승 벌러구이 비즈?

● **A:그런 것 같아요.**

geureon geot gatayo.

Тийм юм шиг байна.
팀 욤 시그 바인

● **N:임신 테스트 해 봤어요?**

imsin test hae bwasseoyo?

Жирэмсний тестээр шалгаж үзсэн үү?
지렘스니 테스테:르 샬가지 우쯔스누?

● **A:아직 안했어요.**

ajik anhaesseoyo.

Одоохондоо хийгээгүй.
오또헌더 히:게구이

- N:지금 산부인과에 갑시다.
  jigeum sanbu'in'gwa'e gabsida.
  Одоо эмэгтэйчүүдийн эмнэлэг рүү явья.
  오또 에멕테이추딩 엠네렉 로 야브야

V-2. 산부인과에서. : эмэгтэйчүүдийн эмнэлэгт

- (의사):들어오세요. 앉으세요.
  deul'eo'oseyo. anjeuseyo.
  (эмч): Ороод ир, сууна уу.
  어러드 이르, 소:노

- N:제 아내 임신했는지 검사해 주세요.
  je anae imsinhaetneunji geomsahae juseyo.
  Манай эхнэрийг жирэмсэн эсэхийг үзэж өгнө үү
  마내 에흐네리그 찌렘슨 에세히그 우쩨지 오그누

- Э: 임신하셨어요. 축하합니다.
  imsinhasyeosseoyo. chukhahamnida.
  Жирэмсэн болсон байна. Баяр хүргье
  지렘승 벌승 밴. 바야르 후르기예

- N:정말이에요? 나도 아버지가 되는군요. 믿어지지 않아요.
  jeongmal'i'eyo? nado abeojiga doeneungunyo. mid'eojiji an'ayo.
  Үнэн үү? Би ч гэсэн аав болж байгаа байх нь ээ. Итгэмээр гүй юм.
  우누누? 비 치 게슨 아아브 볼지 바이가 바이흐네. 이트게메르구이 윰

- Э:임신하신지 3주 됐어요.

imsingasinji samju dwaesseoyo.

Жирэмсэн болоод 3-н сар болсон байна.
지렘승 벌러드 고르방 사르 벌승 바인

● A:정말이에요? 너무 행복해요.
jeongmal'i'eyo? neomu haengbokhaeyo.

Үнэн үү? Үнэхээр аз жаргалтай байна.
우누누? 우네헤:르 아쯔 자르갈타이 바인

● N:오늘부터 무거운 물건을 절대 들지 마세요.
oneulbuteo mugeo'un mulgeon'eul jeoldae deulji maseyo.

Өнөөдрөөс эхлээд хүнд юм ерөөсөө өргөж болохгүй.
오노:드로스 에흘레드 훈드 욤 요로소 오르고지 벌러흐구이

● A:의사 선생님이 뭐라고 했어요?
uisa seonsaengnim'i mworago haesseoyo?.

Эмч юу гэж хэлсэн бэ?
엠치 요 게지 헬승 베?

● N:함부로 약을 먹지 말라고 의사 선생님이 말했어요.
hamburo yag'eul meogji malrago uisa seonsaengnim'i malhaesseoyo.

Хамаагүй эм уух болохгүй гэж эмч хэлсэн
하마구이 엠 오오지 벌러흐구이 게지 엠치 헬승

● N:의사 선생님이 잘 먹어야 한다고 말했어요.
uisa seonsaengnim'i jal meog'eoya handago malhaesseoyo.

Эмч сайн идэх хэрэгтэй гэж хэлсэн.
엠치 사인 이데흐 헤레그테이 게지 헬승.

● A:우리 아기 위해 많이 먹을게요.

uri agi wihae mani meog'eulkeyo.

Хүүхдийнхээ төлөө сайн хооллоё.

후흐딩헤 톨료 샌 헐러이

● N:당신 먹고 싶은 거 많이 사 줄게요.

dangsin meokgo sipeun geo mani sa julkeyo.

Таны идэхийг хүссэн юмыг чинь авч өгье.

타니 이데히그 후스셍 요미그 친 아브치 오기예

● A:여보, 고마워요.

yeobo, gomawayo.

Баярлалаа, миний хань.

바야를라, 미니 한니

● N:뭘요! 우리가 남남이에요?

mwolyo? uriga namnam'i'eyo?

Юу? Бид нар чинь хар элгийн хүмүүс юм уу?

요? 비드 나르 친 하르 엘깅 후무스 유모?

● N:오히려 내가 고마워해야지요.

ohiryeo naega gomawahaeyajiyo.

Харин ч би илүү баярлаж байна.

하링 치 비 일루 바야르라지 바인

## Арвангуравдугаар хичээл. Аялал

## 제13과 여행

- **실례지만 말씀 좀 묻겠습니다.**
  silryejiman malsseum jom mutgesseumnida.
  **Уучлаарай юм асуух гэсэн юм**
  오오치라라이 욤 아소흐 게셍 욤

- **화장실 어디에요?**
  hwajangsil eod'i'eyo?
  **Бие засах газар хаана вэ?**
  비에 자사흐 가자르 한: 웨?

- **저기에 있어요.**
  jeogi'e isseoyo.
  **Тэнд байгаа.**
  텐드 바이가.

- **여기서 멀어요?**
  yeogiseo meol'eoyo?
  **Эндээс хол уу?**
  엔데스 헐로?

- **걸어서 약 5분입니다.**
  geol'eoseo yak obun'imnida.
  **Алхаж явбал таван минут орчим.**
  알하지 야우발 타왕 미노트 어르침.

- 여기가 어디죠?
  yeogiga eodijyo?
  Энэ хаанах билээ?
  엔 하나흐 빌레?

- 길을 잃어 버렸어요.
  gil'eul il'eo beoryeosseoyo.
  Замаасаа төөрчихлөө.
  잠마사 토:르치흐로

- 이 지역을 잘 아세요?
  I jiyeok'eul jal aseyo?
  Энэ газрыг сайн мэдэх үү?
  엔 가즈리그 사인 메데후?

- 여기서 얼마나 오랫동안 사셨어요?
  yeogiseo eolmana oraetdong'an sasyeosseoyo?
  Энд хир удаан хугацаанд амьдарсан бэ?
  엔드 히르 오땅: 호가창드 암다르상 베?

- 거기로 어떻게 가요?
  geogiro eoddeoke gayo?
  Тийшээ яаж явах вэ?
  티쉐 야:지 아와흐 웨?

- 버스를 타고 가세요.
  beoseurel tago gaseyo.
  Автобусанд сууж явна уу.
  압터보상드 소지 야브노

● 몇 번 버스를 타면 돼요?

myeot beon beoseureul tamyeon doemnikka?

Хэдэн номерын автобусанд суувал болох вэ?

헤뎅 너이메링 압터보상드 소왈 벌러흐 웨?

● 100번 버스를 타세요.

bakbeon beoseureul taseyo.

100 номерын автобусанд сууна уу.

좀 너이메링 압터보상드 소노.

● 가장 가까운 병원이 어딘지 말씀해 주세요.

gajang gakkaun byeongwon'i eodinji malsseumhae juseyo.

Хамгийн ойр эмнэлэг хаана байдгийг хэлж өгнө үү.

함깅 어이르 엠네레그 하:나 바이드기그 헬지 오그누

● 시청으로 가는 길을 좀 가르쳐 주세요.

sicheong'euro ganeuen gil'eul jom gareuchyeo juseyo.

Хотын захиргаа руу явах замыг зааж өгнө үү.

허팅 자히르가 로 야와흐 자미그 자:찌 오그누

● 이 근처에 시장이 있어요?

I geuncheo'e sijang'i isseoyo?

Энэ ойролцоо зах байгаа юу?

엔 어이럴처 자흐 바이가 요?

● 시장에 가고 싶어요.

sijang'e gago sipeoyo.

Зах руу явмаар байна.

자흐 로 야우마르 바인

● 시장에 어떻게 가요?
sihang'e eoddeoke gayo?
Зах руу яаж явах вэ?
자흐 로 야:찌 야와흐 웨?

● 이 길로 똑바로 가세요.
Igileul ddogbaro gaseyo.
Энэ замаар чигээрээ явна уу
엔 자마르 치게레 야브노

● 모퉁이에서 우회전 하세요.
motung'i'eseo uhoejeon haseyo.
Булангаас баруун гар тийшээ эргэнэ үү.
볼란가:스 바롱 가르 티쉐 에르게누.

● 시장은 우체국 건너편에 있어요.
sijang'eun uchegug geonneopyeon'e isseoyo.
Зах нь шуудангийн эсрэг талд байгаа.
자흔 쇼당깅 에스레그 탈드 바이가.

● 함께 가시겠어요?
hamkke gasigesseoyo?
Хамт явах уу?
함트 야와호?

● 지하철역으로 가는 길을 가르쳐 주세요.
jihacheolyeog'euro ganeun gil'eul gareuchyeo juseyo
Mетроны буудал руу явдаг замыг зааж өгнө үү.
메트러니 보달로 야우다그 자미그 자:찌 오그누

● 서울 두 장 주세요.

  seoul du jang juseyo.

  Сөүл явах хоёр билет өгнө үү.
  서울 야와흐 허요르 빌레트 오그누

● 어디서 타요?

  eodiseo tayo?

  Хаанаас явах вэ?
  하:나스 야와흐 웨?

● 그 곳에 지하철로 갈 수 있어요?

  geu gose jihacheolro gal su isseoyo?

  Энэ газар руу метрогоор явж болох уу?
  엔 가자르 로 메트러거르 야부지 벌러호?

● 지하철로 가도 되고 택시로 가도 돼요.

  jihacheolro gado doego taeksiro gado dwaeyo.

  Метрогоор явсан ч болно, таксигаар явсан ч болно.
  메트러거르 야브승 치 벌른, 택시가르 야브승 치 벌른.

● 우리 택시타고 가요.

  uri taeksitago gayo.

  Бүгдээрээ таксигаар явья
  부그데레 택시가르 야위야

● (손님): 남대문 시장에 가 주세요.

  anmdaemun sijang'e ga juseyo.

  (зочин): намдэмүнэ зах руу явж өгнө үү.
  남대문 자흐 로 야브지 오그누

● (기사):다 왔어요.
　　da wasseoyo.
　　(Жолооч) Ирчихлээ
　　이르치흐레

● (손님): 여기에 내려 주세요.
　　yeogi'e naeryeo juseyo.
　　(зочин): Энд буулгаж өгнө үү.
　　엔드 볼:가지 오그누

● (기사):안녕히 가세요.
　　annyeonghi gaseyo.
　　(Жолооч) Сайн яваарай
　　사인 야와라이

● (손님):감사합니다.
　　gamsahamnida.
　　(зочин): Баярлалаа
　　뱌야를라

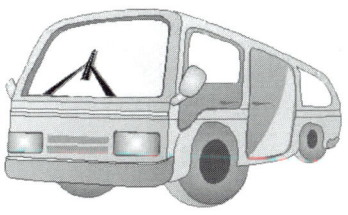

# 14 дүгээр хичээл. Уурласан эхнэрээ тайвшруулах

## 제14 과  화난 아내 달래기

◆ нөхөр (N): 남편 ◆ эхнэр(A): 아내

● **N:자주 화내지 않으면 좋겠어요. 그러면 다 예쁜데.**
jaju hwanaeji an'eumyeon jokesseoyo. geureomyeon da yebbeunde.
Байн байн уурлахгүй бол сайнсан. Тэгвэл илүү хөөрхөндө ө.
바잉 바잉 오오르라흐구이 벌 사인상. 테그웰 일루 호:르홍도.

● **A:당신이 매일 저녁 늦으니까 그러지요.**
dangsin'i mae'il jeonyeok neujeunikka geureojiyo.
Та өдөр болгон оройтохоор чинь л тэр шүү дээ.
타 우드르 벌겅 어러이터허:르 친 을 테르 슈 데.

● **N:내가 왜 늦는지 알고 나서 화내세요.**
naega wae neutneunji algo naseo hwanaeseyo.
Би яагаад оройтсон учрыг мэдээд уурла л даа.
비 야가드 어러이트성 오치리그 메데드 오오를 다.

● **A:좋아요. 왜 늦어요?**
jo'ayo. wae neuj'eoyu?
Сайн байна. Яагаад оройтсон бэ?
사인 바잉 야가드 어러이트성 베?

● N:한국에는 저녁때 회식이 자주 있어서 가끔 집에 늦게 들어올 때도 있어요.

hangug'eneun jeonyeogddae hoesig'i jaju isseoseo gakkeum jib'e neutge deul'eo ol ddaedo isseoyo.

Солонгост оройд байн байн цугладрдаг учраас заримдаа гэр тээ оройтож ирэх нь байдаг.

설렁거스트 어러이드 바잉 바잉 초그라르다그 오치라스 자림다 게르테 어러이터지 이레흔 바이다그.

● A:늦게 오시면 전화해야지요.

neutge osimyeon miri jeonhwahaseyo.

Оройтож ирэхээр бол утсаар ярих хэрэгтэй биздээ.

어러이터찌 이레헤르 벌 오트사르 야리흐 헤레그테 비즈데.

● N:가끔 전화 못할 때도 있으니까 이해해 주세요.

gakkeum jeonhea mothal ddaedo isseunikka ihaehae juseyo.

Заримдаа утасдаж чадахгүй үе байдаг учраас ойлгоорой.

자림다 오타스다지 차다흐구이 우이 배다그 오치라스 어일거:러이.

● A:이해하겠어요. 그래도 자주 하면 안 돼요.

Ihaehaneunde jajuhamyeon an dwaeyo.

Ойлгоно оо. Гэхдээ байнга ингэж болохгүй.

어일거너. 게흐데 바잉그 잉게지 벌러흐구이.

● N:이해해 줘서 고마워요.

Ihaehae jwoseo gomawayo.

Ойлгосонд баярлалаа.

어일거성드 바야를라.

● A:밖에서 술 많이 드시면 안 돼요.
　bakk'eseo sul mani deusimyeon an dwaeyo
　Гадуур архи их ууж болохгүй .
　가도르 아르히 이흐 오오지 벌러흐구이.

● N:나도 술 마시고 실수할까 두려워요.
　nado sul masi해 silsuhalkka duryeowoyo.
　Би ч архи уугаад алдаа гаргахаас айж байна.
　비 치 아르히 오오가드 알다: 가르가하스 아이지 바인.

● A:왜 화를 내는지 알겠어요?
　wae hwareul naeneunji algesseoyo?
　Яагаад уурладгийн ойлгосон уу?
　야가드 오오르라드깅 어일거스노?

● N:그래서 미안하다고 했잖아요.
　geuraeseo mianhadago haetjanayo.
　Тэгээд л уучлаарай гэж хэлж байна шүү дээ.
　테게들 오오치라이 게지 헬지 바인 슈 데.

● A:왜 가끔 집에서 안자고 다른 데서 잤어요?
　wae gakkeum jib'eseo anjago dareundeseo jasseoyo?
　Яагаад заримдаа гэртээ хоногүй өөр газар хоносон бэ?
　야가드 자림다 게르테 허너흐구이 오오르 가자르 허너성 베?

● N:한국에서는 친한 친구의 부모가 돌아가시면 빈소에서 함께 밤을 새요.
　hangug'eseoneun chinhan chingu'ui bumoga dol'agasimyeon binso'eseo hamkke bam'eul saeyo.

Солонгост дотнын найзын эцэг, эх нь нас барвал гашуу длын газарт нь хамт хонодог юм.
설렁거스트 더트닝 나이징 에체그, 에흔 나스 바르왈 가쇼드링 가자르튼 함트 헌더그 욤.

● A:아, 그렇구나. 몰랐어요. 정말 좋은 관습이에요.
ah, geureokuna. molratsseoyo. jeongmal jo'eun gwanseub'i'eyo.
Аан, тиймүү. Мэдсэнгүй, Үнэхээр сайхан хэвшил юм байна.
아, 티무. 메드셍구이. 우네헤르 사이항 헤브쉴 욤 바인.

● N:될 수 있으면 다른 데서 자지 않을게요.
doelsu isseumyeon dareun deseo jaji an'eulkeyo.
Болж өгвөл өөр газар хоногхгүй байя.
벌지 우그불 으르 가자르 허너흐구이 바이야.

● A:혼자 자면 무서워요.
honja jamyeon museowoyo.
Ганцаараа унтахаар аймаар байдаг юм.
간차라 옹타하:르 아이마르 바이다그 욤.

● N:알았어요. 앞으로 혼자 자지 않게 하겠어요.
alasseoyo. ap'euro honja jaji anke hagesseoyo.
Ойлголоо. Цаашид ганцаараа хонуулахгүй ээ.
어일거러:. 차쉬드 강차라 허놀라흐구이 에.

● 우리 숨김없이 털어 놓고 말해요.
uri sumgim'eobsi teol'eo noko malhaja
Бид нуулгүйгээр нээн гаргаж ярилцаж байя.

비드 놀:구이게르 넹: 가르가찌 야릴차찌 바이야.

● 다시 싸우지 않기로 서로 약속해요.
dasi ssauji ankiro seoro yaksokhaeyo.

Дахиж муудалцахгүй гэдгээ хоорондоо амлаж байна.
다히찌 모:달차흐구이 게드게 허:런더 아므라찌 바인.

● N:다시 싸우지 말자. 우리 서로 사랑하고 있으니까.
dasi ssauji malja. uri seoro saranghago isseunikka

Дахин муудалцахаа болъё. Би хоорондоо хайртай учраас.
다힝 모달차하 벌리여. 비 허:런더 하이르타이 오치라스.

● A:알겠어요. 늦었으니까 자요.
algesseoyo. neujeosseunikka jayo.

Ойлголоо. Оройтсон учраас унтдаа.
어일거러:. 어러이트성 오치라스 옹트다:.

# 15 дугаар хичээл. Эхнэрийн төрсөн өдөр

## 제15과 아내의 생일

◆ N: 남편 ◆ A: 아내

● N: 생일 축하해요! 이거 받아요.
saeng'il chukhahaeyo. igeo bad'ayo.
Төрсөн өдөр баяр хүргэе. Үүнийг аваарай.
투르승 우드르 바야르 후르기예. 우우니그 아와라이.

● A: 이거 정말 저에게 주시는 거예요?.
igeo jeongmal jeo'ege jusineun geoyeyo?
Үүнийг үнэхээр надад өгч байгаа юмуу?
우우니그 우네헤:르 나다드 오그치 바이가 유모?

● N: 이거 당신 마음에 들었으면 좋겠어요.
igeo dangsin ma'eum'e deuleosseumyeon jokesseoyo.
Энэ чиний сэтгэлд таалагдсан бол сайн байна.
엔 치니 세트겔드 탈라그드상 벌 사인 바인.

● A: 오래 전부터 핸드폰을 갖고 싶었어요.
orae jeonbuteo haendeuponeul gatgo sipeosseoyo.
Аль эртнээс гар утастай болохыг хүсч байсан.
아일 에르트네스 가르 오타스타이 벌러히그 후스치 바이상.

● 생일날 뭐하고 싶어요?
saeng'ilnal mwohago sipeoyo.

Төрсөн өдрөөрөө юу хийхийг хүсч байна?
투르승 우드러러 요 히히그 후스치 바인?

- 저에게 한 턱 내는 거예요?

    jeo'ege han teok naeneun geoyeyo?

    Намайг хоолонд дааж байгаа юмуу?
    나마이그 헐:렁드 다:찌 바이가 유모?

- 저가 한 턱 내겠습니다.

    jeoga han teok naegesseumnida.

    Би даая.
    비 다:야.

- 사양마세요.

    sayangmaseyo.

    Нэрэлхээд хэрэггүй.
    네렐헤:드 헤렉구이.

- 감격했어요. 정말 감사해요.

    sayangmaseyo. jeongmal gamsahaeyo.

    Сэтгэлд нийцлээ. Үнэхээр их баярлалаа.
    세트겔드 니이츠레. 우네헤:르 이흐 바야를라.

# Дөрөвдүгээр хэсэг

## Хавсралт

## 제4부 : 부록

# 한국 생활중 신부의 유의 할 점: СОЛОНГОС ДАХЬ АМЬДРАЛЫН ТУРШИД ШИНЭ БЭРИЙН АНХААРЛАА ТАВИХ ЗҮЙЛҮҮД

1. 한국 생활을 빠른 시일에 적응할 수 있도록 최선의 노력을 다한다.
    Солонгос амьдралд хурдан хугацаанд дасахын тулд бүх хүчээ дайчлана.

    - 한국어를 빨리 배운다.
    Солонгос хэлийг хурдан сурна.

    - 한국식 인사 예절을 배운다.
    Солонгос маягийн мэндчилгээ, ёс журмыг сурна.

    - 가족관계 및 이름, 나이, 생일, 좋아하는 음식 등을 확인한다.
    Гэр бүлийн харилцаа болон нэр, нас, төрсөн өдөр, дуртай хоол зэргийг бататгана.

    - 식사예절 및 음식 조리방법 등을 학습한다.
    Хооллох ёс журам болон хоол хийх арга зэргийг сурч эзэмшинэ.

    - 집에 있는 전자제품 등의 사용방법을 익힌다.
    Гэртээ байгаа цахилгаан бараа зэргийн ашиглах аргатай танилцаж сурна.

    - 생필품 쇼핑 방법 및 쇼핑센터 위치를 익힌다.
    Өргөн хэрэглээний барааны дэлгүүр явах арга болон дэлгүүрийн байр шилтэй танилцаж сурна.

    - 한국돈의 개념과 물건에 대한 가격의 판단력을 키운다.
    Солонгос мөнгөний ойлголт ба барааны үнийн үнэлгээний чадвараа өсгөнө.

2. 한국에 와서 얼마 되지 않아 친정에 도와달라 하거나 직업을 갖는다고 하면 안된다.
    Солонгост ирээд удаагүй байж төрсөн гэртээ туслаач гэх буюу ажил хийнэ гэж болохгүй.

- 우선적으로 한국생활에 적응하기 위해 최선을 다해야 한다.
  Юуны өмнө Солонгос амьдралд дасахын тулд хүчин чармайлтай дайчлах ёстой.

- 본인이 한국생활에 잘 적응하고 가정에 최선을 다하면 당신의 배우자도 처갓집이 어려우면 도우려 하기 때문에 너무걱정하지 안해도 된다.
  Уг хүн Солонгос амьдралд сайн дасан зохицож, гэр бүлийнхээ төлөө хүчээ дайчилбал таны хань нөхөр төрөлх гэр тань хэцүү байвал тусла х тул хэтэрхий санаа зовох хэрэггүй.

- 자녀양육이 끝나서 남편이 허락한다면 직업을 가질 수 있고 그때 본인의 수입으로 친정을 도울 수가 있으니 급하게 행동해서는 안된다.
  Хүүхдээ өсгөчихөөд нөхөр нь зөвшөөрөл өгвөл ажилд орж болох бөгөөд тэр үед уг хүн өөрийн орлогоор төрсөн гэртээ тусалж болох тул яарчбо лохгүй.

- 한국에 오자마자 친정을 도와 달라 하거나 직업을 갖는다고 하면 당신의 배우자는 당신을 돈 때문에 결혼한 여성으로 가정불화가 될 수 있음을 명심할 것.
  Солонгост ирэнгүүтээ төрсөн гэртээ тусал гэх болон ажил хийнэ гэвэл таны нөхөр таныг мөнгөний тулд гэрлэсэн эмэгтэйхэмээн бодож гэр бүлийн зөрчилдөөн гарч болохыг сэтгэлдээ санаж явах.

3. 무단가출을 해서는 절대로 안됩니다.
   Шалтгаангүйгээр гэрээсээ хол явж огт болохгүй.

- 무단 가출을 하면 위장결혼으로 판단하여 형사 고발되어 처벌을 받게 됩니다.
  Шалтгаангүйгээр гэрээсээ хол явбал хуурамч гэрлэлт гэж дүгнэн мөр дөн байцаагчид нэхэмжлэл гаргаж, шийтгэл хүлээн болно.

- 만약 무단가출로 검거되어 형사처벌을 받으면 한국에는 도와줄 사람이 없음을 명심하여야 합니다.
  Хэрвээ шалтгаангүйгээр гэрээсээ хол явж байгаад баривчлагдаж шийт гэл авбал Солонгост туслах хүн байхгүй гэдгийг санаж байх хэрэгтэй.

- 한국은 경찰청 범인 검거 시스템이 잘되어 있어 무단가출 자는 쉽게 검거될 수 있음을 명심할 것.

  Солонгосын Цагдаагийн газар хэрэгтнийг баривчлах систем сайн хөгж сөн учраас шалтгаангүйгээр гэрээсээ явсан хүн баригдана гэдгийг сана ж явах.

- 무단가출하여 취직을 하려고 해도 한국에서는 불법이기 때문에 사업주가 처벌이 두려워 직원으로 채용하지 않음을 명심할 것.

  Шалтгаангүйгээр гэрээсээ хол яваад ажилд орох гэвэл Солонгост хууль бус учраас үйлдвэрийн эзэн шийтгэлээс айж ажилтнаар авахгүй гэдгийг санаж явах.

- 만일 무단가출하여 취직 중 적발이 되면 본인 및 사업주가 모두 형사처벌을 받으며 이때는 몽골대사관에서도 본인에게 도움을 줄 수 없음을 명심하여야 한다.

  Хэрвээ шалтгаангүйгээр гэрээсээ хол явж ажилд орсон үедээ баривчлагдах юм бол уг хүн болон үйлдвэрийн эзэн бүгд шийтгэл хүлээх бөгөөд энэ үед Солонгост суугаа Монголын элчин

  сайдын яамнаас ч уг хүнд тусалж чадахгүй болохыг санаж явах хэрэгтэй.

4. Гэрлэвэл даруй хүүхэдтэй болох хэрэгтэй.

- 한국에서는 결혼을 한 여성은 바로 자녀를 가지고 자녀양육에 최선을 다해야 한다.

  Солонгост гэрлэсэн эмэгтэй нь даруй хүүхэдтэй болж хүүхдээ өсгөхөд хүчин чармайлтаа тавих ёстой.

- 한국 여성도 결혼을 하면 자녀양육을 위해 다니던 직장을 대부분 그만 둔다.

  Солонгос эмэгтэй ч гэрлэсэн бол хүүхдээ өсгөхийн тулд эрхэлж байсан ажлаа ихэнхдээ орхидог.

5. 부부간의 성격차이를 인정하고 개선의 노력을 해야 한다.

  Нөхөр эхнэрийн хоорондын зан чанарын ялгааг хүлээн зөвшөөрч сайжруулахыг чармайх хэрэгтэй.

- 부부간의 성격은 다를 수 있다는 사실을 인정해야 한다.
  Нөхөр, эхнэрийн зан чанар өөр байна гэдэг үнэнг хүлээн зөвшөөрөх хэрэгтэй.

- 성격은 쉽게 개선되지 않으므로 인내심을 가지고 서로를 존중하면서 꾸준히 개선의 노력을 해야 한다.
  Зан ааш нь амархан өөрчлөгдөхгүй тул тэвчээртэй байж бие биенээ хүндлэн байнга чармайх хэрэгтэй.

- 성격차이로 가정의 불화가 되지 않도록 서로 주의해야 한다.
  Зан аашын ялгаанаас болж гэр бүлийн зөрчил гаргахгүйн тулд хоёулаа анхаарах хэрэгтэй.

6. 배우자의 현재 경제력 및 생활수준을 존중해야 한다.
   Нөхрийнхөө одоогийн эдийн засгийн чадавхи болон амьдралын түвшнийг нь хүндлэх хэрэгтэй.

- 배우자의 현재 경제력 및 생활수준을 인정하여 앞으로 행복하고 더 부유한 생활이 될 수 있도록 서로가 노력해야 한다.
  Нөхрийнхөө одоогийн эдийн засгийн чадавхи болон амьдралын түвшнийг нь хүлээн зөвшөөрч цаашид аз жаргалтай илүү чинээлэг амьдрахын тулд хоёулаа чармайх хэрэгтэй.

7. 배우자의 경제력과 생활수준 및 성격 등을 다른 배우자와 비교하는 표현은 절대 해서는 안된다.
   Нөхрийнхөө эдийн засгийн чадавхи болон амьдралын түвшин, мөн зан ааш зэргийг өөр хүнтэй харьцуулсан илэрхийллийг гаргаж нь огт болохгүй.

- 서로의 자존심을 상하게 하는 표현은 이유를 불문하고 하면 안된다.
  Бие биенийхээ өөрийгөө хүндлэх сэтгэлийг нь хөндөх илэрхийлэл нь учир шалтгааныг ялгахгүй байж болохгүй.

- 다른 사람과 비교하여 격하 시키는 표현은 가정불화의 원인이 될 수 있음을 명심해야 한다.
  Өөр хүнтэй харьцуулж доромжлох илэрхийлэл нь гэр бүлийн зөрчилдөөний шалтгаан болж болно гэдгийг санаж байх хэрэгтэй.

8. 한국에서 결혼한 여성이 술과 담배를 피우면 절대로 안된다.
   Солонгост хүнтэй гэрлэсэн эмэгтэй нь архи уух ба тамхи татаж огт болохгүй.

   - 한국에서 여성이 술과 담배를 피우는 것은 매우 부정적인 시각으로 바라봅니다.
     Солонгост эмэгтэй хүн архи тамхийг хэрэглэхийг маш сөрөг талаас нь хардаг.

   - 결혼하면 자녀를 가져야 하기에 자녀에게도 건강상 문제가 됩니다.
     Гэрлэвэл хүүхэдтэй болох хэрэгтэй тул хүүхдэд ч эрүүл мэндийн асуудал болдог.

   - 여성이 술과 담배를 피우면 부부간에 불화가 될 수 있습니다.
     Эмэгтэй хүн нь архи тамхи хэрэглэвэл эхнэр нөхрийн хооронд узөрчил дөөн болж болно.

9. 한국 남편은 이런 아내를 좋아 한다.
   Солонгос нөхөр нь ийм эхнэрт дуртай.

   - 남편을 진심으로 존경하고 남편의 의견을 잘 따르는 아내
     Нөхрөө чин сэтгэлээсээ хүндэлж нөхрийнхөө санал бодлыг дагадаг эхнэр.

   - 다정하게 말하고 애교 있게 행동하는 아내
     Халуун дулаан яриатай, эрхлэнгүй үйл хөдлөлтэй эхнэр.

   - 부모 및 자녀를 잘 부양하는 아내
     Эцэг эх болон үр хүүхдээ сайн асардаг эхнэр.

   - 검소한 아내
     Эгэл даруухан эхнэр.

   - 한국생활에 잘 적응하는 아내
     Солонгосын амьдралд сайн дасч байгаа эхнэр.

10. 모든 한국생활과 관련된 학습내용은 노트에 메모하는 습관이 필요하다.
    Бүхий л солонгос амьдралтай холбоотой сурч мэдсэн зүйлээ тэмдэглэлийн дэвтэрт тэмдэглэдэг зуршил хэрэгтэй.

- 새롭게 배우는 한국생활을 노트에 메모하는 습관을 가지면 빠른 적응에 도움이 됩니다. 학습노트를 배우자나 가족이 보게 되면 열심히 노력하고 있는 당신에 대해 감사하게 생각합니다.

  Шинээр сурсан солонгос амьдралыг тэмдэглэлийн дэвтэрт тэмдэглэх зуршилтай болж чадвал хурдан дасахад тус болно. Сурч мэдсэн зүйли йнхээ тэмдэглэлийг нөхөр болон гэр бүлийнхэн тань харвал хичээнгү йлэн чармайж байгаа танд баярлах болно.

부록

# 상호간의 호칭
## Харилцан хоорондоо хүндэтгэж дуудах

**1. 자기에 대한 호칭:** Өөрийгөө хүндэтгэж хэлэх

① 저, 제: 어른이나 여러 사람에게 말할 때.
  jeo, je: жо, жэ: Жо, жэ - Ахмад хүн болон олон хүмүүст хандаж ярихдаа

② 나: 같은 또래나 아랫사람에게 말할 때.
  Na: на: На- Адил ойролцоо насны болон өөрөөсөө дүү хүнд хандаж ярихдаа

③ 우리, 저희: 자기 쪽을 남에게 말할 때.
  uri, joehi: үри, жохы - Өөрийн талыг бусдад ярихдаа

**2. 부모에 대한 호칭:** Эцэг, эхээ хүндэтгэж дуудах

① 아버지, 어머니: 자기의 부모를 직접 부르고 지칭하거나 남에게 말할 때.
  abeoji, eomeoni: Абожи, омони- Өөрийн эцэг эхийг шууд дуудаж нэрлэх буюу бусдад ярихдаа

② 아버님, 어머님: 남편의 부모를 직접 부르고 지칭하거나 남에게 말할 때 또는 남에게 그 부모를 말할 때.
  abeonim, eomeonim: Абоним, омоним- Нөхрийн эцэг эхийг шууд дуудаж нэрлэх бусдад хэлэхдээ, мөн бусдын эцэг эхийг ярихдаа

③ 애비/아범, 에미/어멈: 부모가 자녀에게 자기를 지칭할 때, 또는 할아버지나 할머니가 손자, 손녀에게 그 부모를 말할 때.
  aebi/abeom, emi/eomeom: Эби/абом, эми/омом- Эцэг эх нь хүүхдэдээ өөрийгөө нэрлэхдээ, мөн өвөө, эмээ нь ач охин, ач хүүдээ тэдний эцэг эхийг ярихдаа

④ 아빠, 엄마: 유아 또는 어린 아이가 자기의 부모를 부르거나 말할 때.
  Abba, eomma: Абба, омма - Нялх хүүхэд болон бага насны хүүхдүүд өөрийн эцэг эхийг дуудах болон ярихдаа

⑤ 가친(家親), 자친(慈親): 자기의 부모를 남에게 말할 때의 한문식 지칭.
gachin, jachin: Гачинь, жачинь- Өөрийн эцэг эхийг бусдад ярих үедээ хэрэглэдэг Ханз үсэгийн хэлбэрийн нэр

⑥ 춘부장(椿府丈), 자당님(慈堂): 남에게 그의 부모를 한문식으로 말할 때.
chunbujang, jadangnim: Чиньбужан, жаданним - Бусдад тэдний эцэг эхийг Ханз үсэгийн хэлбэрээр ярихдаа

⑦ 부친(父親), 모친(母親): 다른 사람의 부모를 말할 때.
buchin, mochin: Пучинь, мучинь - Өөр хүний эцэг эхийг ярихдаа

⑧ 현고(顯考), 현비(顯妣): 축문이나 지방에 돌아가신 부모를 쓸 때.
hyeongo, hyeonbi - Хөньгу, хөньби - Хойдын мөргөл болон гэртээ нас барсан эцэг эхээ бичихдээ

⑨ 선친(先親), 선비(先妣): 남에게 자기의 돌아가신 부모를 말할 때.
seonchin, seonbi: Соньчинь, соньби - Бусад өөрийн нас барсан эцэг эхийг ярихдаа

⑩ 선고장(先考丈), 대부인(大夫人): 남에게 그의 돌아가신 부모를 말할 때.
Seon-gojang, daebu-in: Соньгужан, тэбүинь - Бусдад тэдний нас барсан эцэг эхийг ярихдаа

**3. 형제자매간의 호칭**: Ах дүү, эгч дүүгийн хооронд хүндэтгэн дуудах

① 언니: 여동생이 여자 형을 부를 때.
eonni: Онни - Эмэгтэй дүү нь эгчийгээ дуудахдаа

② 형님: 기혼의 남동생이 형을 부를 때.
hyeongnim: Хённим - Гэрлэсэн эрэгтэй дүү нь ахыгаа дуудахдаа

③ 형: 남동생이 집안의 어른에게 형을 말할 때.
hyeong: Хён - Эрэгтэй дүү нь гэрийн доторхи ахмад хүнд ахыгаа ярихдаа

④ 백씨(伯氏), 중씨(仲氏), 사형(舍兄): 자기의 형을 남에게 말할 때.

baegssi, jungssi, sahyeong: Пэгши, жүнши, сахён - Өөрийн ахыг бусдад ярихдаа

⑤ 얘, 너: 미혼이나 10년 이상 연하(年下)인 동생을 부를 때.
yae, neo: Еэ, но - Гэрлээгүй 10 жилээс илүү доош дүүгээ дуудахдаа

⑥ 동생, 자네: 기혼이나 10년 이내 연하인 동생을 부를 때.
dongsaeng, jane (ja-ne): Дунсэн, чанэ - Гэрлэсэн болон 10 жилийн доторхи насаар дүү дүүгээ дуудахдаа

⑦ 아우: 동생의 배우자나 남에게 자기의 동생을 말할 때.
a-u: Аү - Дүүги йн нөхөр ба эхнэр болон бусдад өөрийн дүүг хэлэхдээ

⑧ 아우님, 제씨: - 남에게 그 동생을 말할 때.
a-unim, jessi: Аүним, чэши Бусдад тэр дүүгээ хэлэхдээ

⑨ 에미: 집안의 어른에게 자녀를 둔 여동생을 말할 때.
emi: Эми -Гэрийн доторх ахмад хүнд хүүхэдтэй эмэгтэй дүүгээ хэлэхдээ

⑩ 오빠: 미혼 여동생이 남자 형을 부를 때.
obba: Убба - Гэрлээгүй эмэгтэй дүү нь ахыгаа дуудахдаа

⑪ 오라버님: 기혼 여동생이 남자 형을 부를 때.
orabeonim: Урабоним -Гэрлэсэн эмэгтэй дүү нь ахыгаа дуудахдаа

⑫ 오라비: 여동생이 집안 어른에게 남자 형을 말할 때.
orabi: Ураби - Эмэгтэй дүү нь гэрийн доторхи ахмад хүнд ахыгаа ярихдаа

⑬ 누나: 미혼 남동생이 손위 누이를 부를 때.
nuna: Нүна- Гэрлээгүй эрэгтэй дүү нь насаар ахмад эмэгтэйг дуудахдаа

⑭ 동생, 자네, ○○ 아버지: 손위 누이가 기혼인 남동생을 부를 때.
dongsaeng, jane, ○○abeoji: Дунсэн, чанэ, абожи- Насаар ахмад эмэгтэй гэрлэсэн эрэгтэй дүүгээ дуудахдаа

**4. 형제자매의 배우자 호칭:** Ах дүү, эгч дүүгийн гэрлэсэн хүнийг хүндэтгэж дуудах

① 아주머니, 형수님: 시남동생이 형의 아내를 부를 때.
ajumeoni, hyeongsunim: Хадам эрэгтэй дүү ахын эхнэрийг дуудахдаа

② 아주미, 아지미, 형수: 집안 어른에게 형수를 말할 때.
ajumi, ajimi, hyeongsu: Гэрийн ахмад хүнд ахын эхнэрийг хэлэхдээ

③ 형수씨: 남에게 자기의 형수를 말할 때.
hyeongsussi: Бусдад өөрийнахын эхнэрийг хэлэхдээ

④ 제수씨: 동생의 아내를 직접 부를 때.
jesussi: Дүүгийн эхнэрийг шууд дуудахдаа

⑤ 제수: 집안 어른에게 동생의 아내를 말할 때.
jesu: Гэрийн ахмад хүнд дүүгийн эхнэрийг ярихдаа

⑥ 언니: 시누이가 오라비의 아내를 부를 때.
eonni: Нөхрийн эгч хүн ахын эхнэрийг дуудахдаа

⑦ 올케, 새댁, 자네: 시누이가 남동생의 아내를 부를 때.
olke, saedaeg, jane: Нөхрийн эгч нь эрэгтэй дүүгийн эхнэрийг дуудахдаа

⑧ 댁: 집안 어른에게 남동생의 아내를 말할 때.
daeg: Гэрийн ахмад хүнд эрэгтэй дүүгийн эхнэрийг ярихдаа

⑨ 매부(妹夫), 매형: 누님의 남편을 부를 때와 자매의 남편을 남에게 말할 때.
maebu, maehyeong: Эгчийн нөхрийг дуудахдаа ба эгч дүүгийн нөхрийг бусад ярихдаа

⑩ 자형(姉兄): 오빠가 여동생의 남편을 부를 때
jahyeong: Ах нь эмэгтэй дүүгийн нөхрийг дуудахдаа

⑪ 서방, 자네: 언니나 오빠가 여동생의 남편을 부를 때.
   seobang, jane: Эгч ба ах нь эмэгтэй дүүгийн нөхрийг дуудахдаа

⑫ 매제(妹弟): 누이 동생의 남편을 남에게 말할 때.
   maeje: Ахмад эмэгтэй хүн дүүгийн нөхрийг бусад хэлэхдээ

⑬ 형부(兄夫): 여동생이 언니의 남편을 부를 때.
   hyeongbu: Эмэгтэй дүүнь эгчийн нөхрийг дуудахдаа

**5. 친척간의 호칭**: Хамаатан садангууд хоорондоо хүндэтгэж дуудах

① 할아버지, 할머니: 조부모를 직접 부르거나 남에게 말할 때.
   halabeoji, halmeoni: Өвөө эмээгээ шууд дуудах болон бусдад ярихдаа

② 할아버님, 할머님: 남에게 그 조부모를 말할 때와 남편의 조부모를 부를 때.
   Halabeonim, halmeonim: Бусдад тэдний өвөө эмээгээ ярихдаа болон нөхрийн өвөө эмээг дуудахдаа

③ 대부(大父)님, 대모(大母)님: 자기의 직계 존속과 8촌이 넘는 할아버지와 할머니를 부를 때.
   daebunim, daemonim: Өөрийн цусан төрлийн болон 8 үеийн өвөө ба эмээг дуудахдаа

④ 큰아버지/큰어머니, 둘째 아버지/둘째 어머니, 작은아버지/작은어머니: 아버지의 형제와 그 배우자를 부르거나 말할 때. 이때 맏이는 큰, 막내는 작은, 기타 중간은 몇째를 붙인다.
   keunabeoji:    keuneomeoni:   duljjae   abeoji:   duljjae   eomeoni:
   jageunabeoji: jageuneomeoni: Аавын ах дүү болон тэдний гэрлэсэн хүнийг дуудах болох хэлэхдээ. Үүнд ууган нь том, отгон нь бага бусад дундах нь тэддугаар гэж дуудна.

⑤ 아저씨, 아주머니: 아버지와 4촌 이상인 아버지 세대의 어른과 그 배우자를 부를 때.
   ajeossi, ajumeoni: Аав болон 4 үеийн дээш ахмад хүн ба түүний гэрлэсэн хүнийг дуудахдаа

⑥ 고모, 고모부: 아버지의 자매와 그 배우자를 부를 때.
   gomo: аавын эгч, эмэгтэй дүүг дуудахдаа
   gomobu: аавын эгч, эмэгтэй дүүгийн нөхрийг дуудахдаа

⑦ 외숙모, 외숙: 어머니의 형제와 그 배우자를 부를 때.
   oesugmoo: oesug: Ээжийн ах, дүү түүний гэрлэсэн хүнийг дуудахдаа

⑧ 이모, 이모부: 어머니의 자매와 그 배우자를 부를 때.
   imo: Ээжийг эгч, эмэгтэй дүүг дуудахдаа
   oesug: Ээжиий эгч, эмэгтэй дүүгийн нөхрийг дуудахдаа

## 6. 이웃간의 호칭: Хөрш хоорондоо хүндэтгэж дуудах

① 어르신, 어르신네: 부모의 친구, 친구의 부모, 또는 부모같이 나이가 많은 남녀 어른(자기보다 16년 이상 연상자).
   eoreusin, eoreusinne: Эцэг эхийн найз, найзын эцэг эх, мөн эцэг эхийн адил ахмад настай эрэгтэй эмэгтэй хүнийг (өөрөөс нь 16 наснаас дээш насаар ахмад)

② 선생님: 자기가 존경하는 웃어른이나 직업이 선생님인 남녀 어른.
   seonsaengnim: Өөрийн хүндэтгэдэг хөрш настан ба хамт ажилладаг эрэгтэй эмэгтэй ахмад настай хүнийг

③ 형님, 형: 6년 내지 10년 사이에 드는 연상, 연하자와의 상호 칭호.
   hyeongnim, hyeong: 6-10 жилийн дотор ахмад настай болон дүү настай хүмүүс хоорондоо дуудах

④ 선배님, 선배: 학교 선배나 같은 일을 하는 연장자.
   seonbaenim, seonbae: Сургуулийн өөрөөс ахмад настай хүн болон хамт ажилладаг өөрөөс дээш настай хүнийг

⑤ 자네: 상하 10년 이내의 연령차로서 친숙한 사이.
   jane: дээш доош 10 жилийн доторхи ахмад хүний хувьд дотны харилцаа

⑥ ○○님: 상대가 위치한 직책 명에 경의를 표하기 위해 '님'을 붙인다.

○ ○nim: Харилцагчаа зэрэг дэв, албан тушаалын нэрээр илэрхийлэхд ээ НИМ - ийг залгана

⑦ ○○어버님: 친구나 잘 아는 사람과의 관계로 부르기도 한다.
○ ○abeonim: Найз болон сайн таних хүний харилцаагаар дуудахад

⑧ 너, 야 : 미성년자나 아이들 또는 어린 사람들이 친구끼리 말할 때.
neo, ya: Насанд хүрээгүй хүүхдүүд болон бага насны хүмүүс найзууд хоорондоо ярихдаа

⑨ 잘 모르는 사람에 대한 칭호: Сайн танихгүй хүмүүсийн тухайд хүндлэн дуудах
☞ 노인어른, 노인장: 60세 이상의 남녀 노인.
noineoreun, noinjang: 60 наснаас дээш эрэгтэй эмэгтэй настнууд
☞ 어르신, 어르신네: 자기의 부모같이 나이가 많은 남녀 어른.
eoreusin, eoreusinne: Өөрийн эцэг эхийн адил настай эрэгтэй эмэгтэй хүмүүсийг
☞ 선생님: 자기가 존경할 만큼 점잖거나 나이가 많은 남녀.
seonsaengnim: Өөрийн хүндэлдэг насаар ахмад эрэгтэй эмэгтэй хүмүүсийг
☞ 형씨: 자기와 동년배인 남자끼리.
hyeongssi: Өөрийгөө болон ижил насны эрэгтэйчүүд хоорондоо
☞ 학생: 학생 신분인 남녀.
hagsaeng: Сурагч эрэгтэй, эмэгтэй хүмүүс

부록

# 개인의 예절
## ХУВЬ ХҮНИЙЁС ЖУРАМ

**1. 서 있을 때의 예절:** Зогсож байх үеийн ёс журам

① 발은 편하게 약간 옆으로 벌리되 앞뒤로 엇갈리지 않도록 한다.
Хөлөө эвтэйхэн бага зэрэг хажуу тийш салгаж урагш хойш гажуу биш зогсоно.

② 무릎과 엉덩이, 허리를 자연스럽고 곧게 편다.
Өвдөг ба бөгс, бүсэлхийг чөлөөтэй цэх шулуунбайлгана.

③ 체중을 두 다리에 고르게 실어 몸이 한쪽으로 기울지 않도록 한다.
Биеийн жинг 2 хөл дээрээ тэнцүү байлгаж, биеийг нэг тал руу хазайхгүй.

④ 두 손은 앞으로 모아 잡는다.
Хоёр гараа урдаа нийлүүлж барина.

⑤ 가슴을 자연스럽게 편다.
Цээжээ чөлөөтэй цэх тэнийлгэнэ.

⑥ 두 어깨는 수평이 되도록 반듯하게 해서 앞으로 굽혀지거나 뒤로 젖혀지지 않도록 한다.
Хоёр мөр нь тэнцүү байхаар тэгш сайхан болгож, урагшаа бөгтийх буюу арагшаа гэдийхгүй байна.

⑦ 고개는 반듯하게 들고 턱을 자연스럽게 앞으로 당긴다.
Толгойгоо тэгш сайхан өргөж эрүүг чөлөөтэйгээр урагш татна.

⑧ 눈은 곱게 뜨고 시선은 자신의 정면 위쪽에 둔다.
Нүдээ ээлдгээр нээж цавчиж харцаа өөрийн өмнө дээш зүг рүү болгоно.

⑨ 입은 자연스럽게 다문다.
Амаа чөлөөтэй жимийнэ.

## 2. 앉아 있을 때의 예절: Сууж байх үеийн ёс журам

① 어른의 정면에 앉지 않고 되도록이면 남자는 어른의 왼쪽 앞, 여자는 어른의 오른쪽 앞에 앉는다.
Ахмад хүний өөдөөс харж суухгүй болж өгвөл эрэгтэй нь ахмад хүний зүүн талд, эмэгтэй нь баруун талд сууна.

② 어른이 먼저 앉은 다음에 앉는다.
Ахмад хүнийг эхлээд суусны дараа сууна.

③ 먼저 왼쪽 무릎을 꿇고 다음에 오른쪽 무릎을 꿇어앉는다.
Эхлээд зүүн талын өвдгөөрөө сөхөрч, дараа нь баруун талын өвдгийг сөхөрч сууна.

④ 두 손을 가지런히 펴서 두 무릎 위에 얹거나, 모아 잡은 손을 남자는 중앙에, 여자는 오른쪽 무릎 위에 놓는다.
Хоёр гараа тэнцүү дэлгэж хоёр өвдөг дээрээ тавих буюу, нийлүүлж барьсан гараа эрэгтэй нь өвдөгний дундаа, эмэгтэй нь баруун талын өвдөг дээр тавина.

⑤ 입고 있는 옷이 흐트러지지 않도록 갈무리한다.
Өмсөж буй хувцасаа эмх цэгцтэй байлгана.

⑥ 상체를 곧게 펴고, 시선은 15도 아래를 본다.
Биеийн дээд хэсэг буюу цээжийг тэгш тэнийлгэж, харцаа 15 градас доошоо харна.

⑦ 방석에 앉을 때에는 방석을 발로 밟지 않도록 주의한다.
Олбогон дээр суухдаа олбогийг хөлөөрөө гишгэхгүйг анхаарна.

⑧ 왼쪽 무릎을 꿇기 전에 두 손으로 방석을 당겨 무릎 밑에 넣으면서 방석 위에 무릎을 꿇는다.
Зүүн талын өвдгөөрөө сөхрөхийн өмнө 2 гараараа олбогийг татан өвдгөн доороо тавингаа олбог дээр өвдгөөрөө сөхөрч сууна.

⑨ 방석의 중앙에 앉되 발끝이 방석의 뒤편 끝에 걸쳐지게 앉는다.
Олбогийн төв голд сууж хөлний доод хэсгээ олбогийн хоёр талын тө

гсгөл дээр дамнуулан тавьж сууна.

⑩ 일어설 때에는 무릎을 들면서 두 손으로 방석을 원래 자리에 밀어 놓는다.
Босохдоо өвдгөө өргөж хоёр гараараа олбогийг хуучин байсан байранд нь тавина.

⑪ 어른이 편히 앉으라고 하면 편히 앉는다. 이때 벽에 기대거나 비스듬히 앉지 않도록 주의하며, 다리를 뻗고 앉지 않는다.
Ахмад хүн тавтай суугаарай гэж хэлбэл тавтай сууна. Энэ үед хана налах буюу налуу суухгүйг анхаарч, мөн хөлөө жийж сууж болохгүй.

⑫ 의자에 앉을 때는 밀려 흔들리지 않도록 두 손으로 의자의 양 옆이나 팔걸이를 잡고 가만히 앉는다.
Сандал дээр сууж байхдаа найгахгүйгээр хоёр гараараа сандлын хоёр талыг түшлэгийг барьж сууна.

⑬ 두 무릎과 발끝을 붙이고 두 손은 포개 잡고 무릎 위에 얹으며, 곧게 세워 앉는다.
Хоёр өвдөг ба хөлний доод хэсгээ нийлүүлж хоёр гараар давхарлан барьж өвдгөн дээр тавьж, цэх шулуун сууна.

## 3. 걸을 때의 예절: Алхах үеийн ёс журам

① 실내에서는 발 뒤꿈치를 살짝 들고 조용히 걷는다.
Өрөөн дотор хөлний өсгийгөө зөөлөн өргөж чимээгүй алхана.

② 옷자락이 펄럭이지 않게 잘 여미며 걷는다.
Хувцасны доод хэсгийг хийсгэлгүй сайн хумиж алхана.

③ 너무 느리게 걸어 주위 사람들의 보행에 방해를 주지 않도록 한다.
Хэтэрхий удаан алхаж орчны хүмүүсийн алхаанд саад тотгор болохгүй байх.

④ 실내에서 걸을 때에는 보폭을 실외에서보다 좁게 한다.
Өрөөн дотор алхахдаа алхаагаа гадаа алхадгаасаа багаар алхана.

⑤ 여자가 한복을 입었을 때에는 발끝으로 치맛자락을 사뿐히 차듯이 밀며 걷는다.
Эмэгтэй хүн солонгос үндэсний хувцас өмсөхдөө хөлний доод хэсгээрэ э юбкийг зөөлөн түлхэж алхана.

⑥ 계단을 오르내릴 때에는 옷자락을 들고 잘 여미면서 밟히지 않도록 한다.
Шатыг өгсөж уруудахдаа хувцасны доод хэсгийг өргөж сайн барьж гишгэхгүйгээр алхана.

⑦ 남의 앞을 가로 지날 때에는 반드시 '실례합니다', '죄송합니다'라고 말 하면서, 남의 몸에 닿지 않도록 주의 하면서 민첩하게 지나 간다.
Хүний өмнүүр гарахдаа заавал "Уучлаарай" гэж хэлэх, хүний биеийг таглахгүйгээр анхааралтай бөгөөд гавшгай өнгөрч гарна.

### 4. 출입할 때의 예절: Гарч орох үеийн ёс журам

① 출입할 때에는 노크를 하거나 인기척을 내어 안에 있는 사람이 알도록 한다.
Гарч орохдоо хаалгыг тогших буюу хонхыг дарж дотор байгаа хүнийг мэдэхээр орж гарна.

② 문을 열고 닫을 때에는 두 손으로 한다.
Хаалгыг онгойлгож хаахдаа хоёр гараараа үйлдэнэ.

③ 안으로 들어가거나 나올 때에는 문턱(문지방)을 밟지 않는다.
Дотогш орох болон гарахдаа хаалганы босгыг гишгэж болохгүй.

④ 출입할 때에는 방안의 사람에게 될 수 있는 대로 뒷모습을 보이지 않는다.
Гарч орохдоо өрөөн дотор хи хүмүүст болж өгвөл ар нуруугаа харуулахгүй.

⑤ 문은 가능한 소리 나지 않게 여닫는다.
Хаалгыг аль болох дуу багатай онгойлгож, хаана.

⑥ 문을 필요 이상으로 넓게 열지 말고, 문을 열어 놓은 채 다른 일을 하지 않는다.
Хаалгыг шаардлагатайгаас илүүгээр том онгойлохгүй, хаалгыг онгор хой орхичихоод өөр ажил хийж болохгүй.

**5. 물건을 다룰 때의 예절**: Эд зүйлсийг хэрэглэх ёс журам

① 칼이나 송곳 등 위험한 물건을 남에게 줄 때에는 상대편이 손잡이를 잡기 편하도록 집어준다. 신문이나 책 등을 건네 줄 때에는 상대편에서 바르게 보이도록 한다.
Хутга болон шөвөг зэрэг аюултай эд зүйлсийг бусдад өгөхдөө харилцагч хүндээ бариулыг барихаар тааруулж өгнө. Сонин болон ном зэргийг өгөхдөө харилцагч хүндээ тод харагдахаар өгнө.

② 앉은 사람에게는 앉아서 주고, 선 사람에게는 서서 준다.
Сууж байгаа хүнд суугаараа өгч, зогсож байгаа хүнд зогсож өгнө.

③ 남에게서 물건을 받을 때에는 두 손으로 공손히 받는다.
Хүнээс эд зүйлс авахдаа хоёр гараараа хүндэтгэлтэйгээр авна.

④ 음식을 담은 그릇은 음식이나 그릇의 안쪽에 손이 닿지 않게 하며, 상이나 쟁반으로 받친다.
Хоол хийсэн тавга нь хоол болон тавагны дотор талд хуруу хүрэхгүйгээр хийх бөгөөд, ширээ болон поднусан дээр тавина.

⑤ 바늘이나 핀같이 작은 물건은 천에 찔러서 보관하며, 작거나 흐트러지기 쉬운 물건은 작은 함에 담아서 보관한다.
Зүү, сүлбээр зүү зэрэг жижиг эд зүйлсийг бөсдаавууны хатгаж хадгалах бөгөөд, жижиг болон тарж бутрахад хялбар эд зүйлсийг жижигхэн хайрцаганд хийж хадгална.

**6. 대화할 때의 예절**: Харилцан ярилцах үеийн ёс журам

① 대화 장소의 환경과 상대의 성격, 수준 등을 참작해 화제를 고른다.
Ярилцлагын газрын орчин болон харилцагчийн зан чанар, түвшин зэргийг хүндэтгэн ярианы сэдвийг сонгоно.

② 사투리보다는 표준말을, 외래어나 전문용어보다는 쉬운 우리말을, 거친 말보다는 고운 말을 쓴다.
Нутгийн аялгийг биш төв аялгуутай яриаг, гадаад үг хэллэг ба мэргэжлийн үг хэллэгээс хялбархан манай хэлийг, танхай ярианаас ил

үү боловсронгүй яриаг хэрэглэнэ.

③ 감정을 편안하게 하고 표정을 온화하게 해서 말한다.
Сэтгэгдлээ аятайхан хэлж нүүр царайны илэрхийллээ дөлгөөнөөр ярина.

④ 너무 작거나 크게 말하지 말고, 조용하면서도 알아듣기 좋게 말한다.
Хэтэрхий аяархан буюу чангаар ярилгүй, зөөлхөн мөртлөө ойлгогдохоор сайхан ярина.

⑤ 발음을 정확하게 하고 속도를 조절해서 상대편이 이해하기 좋게 말하며, 상대가 정확히 이해하고 있나를 살피면서 말한다.
Дуудлагыг зөв тод дуудаж, хурдыг тохируулан харилцагчийг ойлгохоор ярих бөгөөд, харилцагч тодорхой ойлгож байгаа эсэхийг ажиглан ярина.

⑥ 상대가 질문하면 자상하게 설명하고, 의견을 말하면 성의 있게 듣는다.
Харилцагч асуулт асуувал нягт нямбай тайлбарлаж, саналаа хэлбэл чин сэтгэлээсээ сонсоно.

⑦ 다른 사람이 이야기하는 도중에 말을 막거나 끼어들지 않고 의문이 있으면 말이 끝난 뒤에 묻는다.
Өөр хүн ярьж байхад яриаг нь таслах буюу зогсоолгүй санал байвал ярьж дууссаны нь дараа асууна.

⑧ 화제가 이어지도록 간결하게 요점을 말해 중언부언하지 않는다.
Ярианы сэдэв үргэлжлэхэд товч тодорхойгоор гол утгыг давталгүйгээр ярина.

⑨ 자기 주장을 지나치게 고집해서 대화의 분위기가 상하는 일이 없노록 한다.
Өөрийн шаардлагыг хэтрүүлж зөрүүдлэснээс ярилцлагын уур амьсгалыг муудуулалгүйгээр ярина.

⑩ 말은 귀로만 듣는 것이 이니라 표정, 눈빛, 몸으로도 듣는다는 자세를 갖고 상대가 알아차리도록 은근하면서도 확실한 반응을 보인다.
Яриа нь чихээр л сонсдог зүйл биш, нүүр царайны илэрхийлэл, нүдни

й гэрэл, биеэрээ сонсдог гэсэн төрх байдалтайгаар харилцагч ойлг охоор дотно бөгөөд баттай хариу үйлдлийг үзүүлнэ.

⑪ 대화 중에 자리를 뜰 때에는 양해를 구하고, 다른 사람에게 방해가 되지 않게 한다.
Ярианы дундуур суудлаасаа босохдоо зөвшөөрөл хүсч, бусад хүмүүст саад тотгор болж болохгүй.

⑫ 대화를 마치고 난 뒤에는 상대에게 감사를 표한다.
Яриаг дуусганы дараа харилцагчдаа талархсанаа илэрхийлнэ.

## 7. 전화할 때의 예절: Утсаар ярих үеийн ёс журам

### 1) 전화를 걸 때: Утсаар залгахдаа

① 전화를 걸기에 앞서 상대의 전화번호를 확인하고, 용건을 미리 정리해 짧은 통화가 되게 한다. 만약 전화가 잘못 걸렸으면 정중하게 사과한다.
Утсаар залгахын өмнө харилцагчийн утасны дугаарыг бататгаж, ажил хэргээ урьдчилан цэгцлээд утасдана. Хэрвээ буруу залгасан бол намбалагаар уучлал хүснэ.

② 상대가 전화를 받으면 정확하게 연결되었는지 상대를 확인하고, 자기를 소개한다.
Харилцагч утсаа авбал зөв холбогдсон эсэхийг шалгаад, өөрийгөө танилцуулна.

③ 상대가 이쪽을 알아차리면 먼저 인사부터 하고 용건을 말한다.
Харилцагч өөрийг тань таних юм бол эхлээд мэндчилэн ажил хэргээ ярина.

④ 혹 다른 사람이 받았으면 정중하게 바꿔 주기를 청하고, 상대가 없으면 받은 사람에게 전해 줄 수 있는가를 정중하게 묻고 용건을 말한다.
Эсвэл өөр хүн авсан бол намбалагаар утсаа шилжүүлж өгөхийг хүсээд, харилцах хүн байхгүй бол утас авсан хүнд дамжуулан хэлж өгч болохыг асуугаад ажил хэргээ ярина.

⑤ 용건이 끝나면 정중하게 인사하고, 전화를 끊겠다고 말한 다음에 끊는다. 어른이 받았을 경우에는 어른이 먼저 끊는 것을 확인한 후에 끊는다.
Ажил хэргийн яриа дуусвал эелдэгээр салах мэндчилгээ хэлж, утсаа тасаллаа гэдгээ хэлсний дараа таслана. Ахмад хүн утас авсан тохиолд олд ахмад хүн утсаа эхлээд тасалсны дараа нь
утсаа таслана.

2) 전화를 받을 때: Утас авах үедээ

① 신호가 울리면 수화기를 들고, 평온한 말투로 먼저 대답을 하고 자기를 소개한다.
Дуудлага ирвэл утсыг авч, эелдэг ярианы өнгөөр ярьж эхлээд өөрийгөө танилцуулна.

② 전화를 건 사람이 확인되면 먼저 인사부터 한다.
Утастсан хүнийг бататгасны дараа эхлээд мэндчилнэ.

③ 다른 사람을 찾으면 친절하게 기다리라고 말하고 바꾼다.
Өөр хүнтэй ярихыг хүсвэл найрсгаар хүлээнэ үү гэж хэлээд утсаа шилжүүлнэ.

④ 받을 사람이 없으면 그 사정을 설명하고, 대신 받아도 되겠느냐고 묻는다.
Утсаар ярих хүн байхгүй бол тэр учрыг тайлбарлаад, өмнөөс нь ярьж болохуу гэж асууна.

⑤ 남에게 온 전화일 때에는 누가 언제 무슨 일로 전화했다는 통화내용을 기록해서 전해 준다.
Бусдыг асуусан утасны дуудлага байсан бол хэн, хэзээ, ямар ажлаар утастсан гэдэг агуулгыг тэмдэглээд дамжуулж өгнө.

⑥ 통화가 끝나면 정중하게 인사하며, 가능하면 전화를 건 사람이 먼저 끊은 다음에 수화기를 내려놓는다.
Утасны яриа дуусвал намбалагаар мэндчилээд, боломжтой бол утсаар залгасан хүн эхлээд утсаа тасалсны дараа утсаа тавина.

⑦ 잘못 걸려온 전화라도 친절하게 응대한다.

Буруу залгасан утасны дуудлага ирсэн бол найрсагаар хариулна.

8. **편지할 때의 예절**: Захидал бичих үеийн ёс журам

① 편지를 쓸 때에는 직접 하는 대화 때보다 정중한 용어를 쓴다.
Захидал бичихдээ шууд ярьж байгаа ярианы хэллэгээс илүү буйр суурьтай үг хэллэлийг хэрэглэнэ.

② 편지의 내용을 쓰는 순서: Захидлын агуулгыгбичих дараалал
  ㉠ 첫머리에 편지를 받을 사람의 이름이나 호칭을 쓴다(예: 엄마에게)
  Эхний мөрөнд захидал авах хүний нэр болон хүндэтгэх нэрийг бичнэ. (Жишээлбэл: Ээждээ)

  ㉡ 계절 또는 날씨를 말하고 상대와 주변의 안부를 묻는다.
  Улирал болон он, сар, өдрийг дурдаад харилцагч болон эргэн тойрны хүмүүсийн амар мэндийг асууна.

  ㉢ 자기의 안부를 전한다.
  Өөрийг амармэндийг дамжуулна.

  ㉣ 용건을 말한다('아뢸 말씀은, 드리고자 하는 말씀은' 등)
  Ажил хэргээ хэлнэ. (өргөн барих үг нь, сонордуулах гэсэн үг нь гэх мэт)

  ㉤ 상대편의 안녕을 빌며 끝맺음을 한다.
  Харилцагчид амар тайвныг хүсээд захидлыг төгсгөнө.

  ㉥ 날짜를 쓰고 자기 이름을 쓴다.
  Он, сар, өдрийг бичээд өөрийн нэрийг бичнэ.

③ 규격봉투에 상대편의 주소와 이름을 정확하고 깨끗하게 쓴다.
Стандартын дугтуйнд хийж харилцагчийн хаяг ба нэрийг тодорхой, цэвэрхэн бичнэ.

④ 객지에 나가 있는 자녀가 자기의 부모에게 편지를 쓸 때에는 봉투에 부모의 이름을 함부로 쓰지 않고, 자기의 이름을 쓰고 '본 집'이라고 쓰면 된다.

Гэрээсээ хол байгаа үр хүүхэд нь өөрийн эцэг эхэд захидал бичихдээ дугтуйн дээр эцэг эхийн нэрийг хамаагүй бичихгүй, өөрийн нэрийг би чээд "Уг хүний гэр" гэж бичиж болно.

⑤ 상대편의 이름 밑에는 '귀하', '에게', '앞'등을 격에 맞게 골라 쓴다.
Харилцагч талын нэрийн доор "эрхэм","-д","өмнө" зэрэг үгийн тохирохыг нь сонгож бичнэ.

⑥ 봉투에 자기의 주소, 성명도 분명하게 쓴다.
Дугтуйн дээр өөрийн хаяг, овог нэр зэргийг тодорхой бичнэ.

**9. 절할 때의 예절:** Мөргөх ёсолгооны үеийн ёс журам

1) 공손한 자세를 취할 때의 손의 모양: Хүндэтгэлтэй төрх байдлыг үзүүлэх үеийн гарын хэлбэр маяг

① 두 손을 앞으로 모아 잡고 다소곳하게 서든지 앉는다.
Хоёр гарыг урд талдаа нийлүүлэн барьж томоотойгоор зогсох буюу суу на.

② 남자가 평상시 손을 모아 잡을 때에는 왼손이 위로 가게 두 손을 포개어 잡는다.
여자는 이와 반대로 오른손이 위로 가게 한다. 차례를 지낼 때에도 이와 같이 한다.
Эрэгтэй нь жирийн өдрүүдэд гараа нийлүүлж барихдаа зүүн гарыг дээр нь хоёр гараа давхарлаж барина.
Эмэгтэй нь үүний эсрэгээр баруун гарыг дээр нь барина. Баяр ёслолын үеэр ч үүнтэй адил байна.

③ 집안에서 상(喪)을 당하였을 때나 문상(問喪)을 갔을 때에는 남자는 오른손이 위로 가게 두 손을 포개어 잡으며, 여자는 왼손이 위로 가게 한다.
Гэр доторхи оршуулгын үеэр болон бусдын оршуулганд явахдаа эрэгтэй нь баруун гараа дээр нь хоёр гарыг давхарлаж барих бөгөөд, эмэгтэй нь зүүн гарыг дээр нь бариша.

④ 소매가 넓은 예복을 입었을 때에는 포개어 잡은 손과 팔이 수평이 되게 올린다.

Ханцуй нь өргөн ёслолын хувцас өмссөн үедээ давхарлаж барьсан гар ба гарын шуу нь тэгш байрлалд байна.

⑤ 소매가 좁은 평상복을 입었을 때에는 포개어 잡은 손의 엄지가 배꼽 부위에 닿도록 자연스럽게 앞으로 내린다.
   Ханцуй нь нарийхан өдөр тутмын хувцсыг өмсөхдөө давхарлаж барьсан гарын эрхий хуруу хүйсний дэргэдүүр чөлөөтэйгээр урагш нь буулгана.

⑥ 손을 포개어 잡고 앉을 때 손의 위치는, 남자는 두 다리의 중앙에 얹고 여자는 오른쪽 다리 위에 얹으며, 남녀 모두 한쪽 무릎을 세우고 앉을 때에는 세운 무릎 위에 얹는다.
   Гарын давхарлаж бариад суухдаа гарын байрлал нь, эрэгтэй нь хоёр хөлийн дунд тувьж, эмэгтэй нь баруун хөлийн дээр тавихбөгөөд эрэгтэй эмэгтэй бүгд нэг талын өвдгийг босгож суухдаа босгосон өвдгөн дээрээ тавина.

2) 절하는 요령과 횟수: Мөргөж ёслох арга барил ба тоо

① 살아 있는 사람에게 절을 할 때에 우리나라 전통 예절에서는 남자는 한번, 여자는 두번을 기본 횟수로 하였으나 오늘날에는 똑같이 한번만 한다.
   Амьд сэрүүн хүнд мөргөж ёслохдоо манай улсын уламжлалт ёс журам нь эрэгтэй нь нэг удаа, эмэгтэй нь хоёр удаа ёслох бөгөөд одоо үед адилхан нэг удаа ёслож байна.

② 차례나 혼례 등의 의식행사와 죽은 사람에게는 기본횟수의 2배, 즉 남자는 두 번, 여자는 네 번을 한다.
   Баяр ёслол, хуримын ёслол зэрэг ёслолын арга хэмжээ болон нас барсан хүнд үндсэндээ 2 дахин, өөрөөр хэлбэл эрэгтэй нь 2 удаа, эмэгтэй 4 удаа мөргөх ёслол хийнэ.

③ 절을 할 수 없는 장소에서 절할 대상을 만났을 때에는 절을 하지 않고 경례로 대신한다. 그러나 경례를 했더라도 절을 할 수 있는 장소로 옮겼으면 절을 한다.
   Мөргөх ёслогоог хийх болохгүй газарт мөргөх ёслол хийх шаардлагатай хүнтэй уулзсан үедээ мөргөх ёслолын оронд энгийн ёсолгоог хийнэ. Харин ёсолгоог хийсэн ч гэсэн мөргөх ёслогоог хийж болох газар луу очвол мөргөх ёслогоог хийнэ.

④ 절을 할 수 있는 장소에서 절할 대상을 만나면 지체 없이 절한다. '앉으세요'. '절 받으세요'라고 말한다.
Мөргөн ёсолж болох газар мөргөх ёслогоо хийх шаардлагатай хүнтэй у улзвал хожимдуулалгүйгээр мөргөх ёслолгоог хийнэ. "Сууна уу", "Мөр гөх ёслогоог хүлээн авна уу" гэж хэлнэ.

⑤ 맞절을 할 때는 아랫사람이 먼저 시작해 늦게 일어나고, 웃어른이 늦게 시작해 먼저 일어난다.
Өөд өөдөөсөө мөргөж ёслох үедээ дүү хүн нь эхлээд ёсолж, сүүлдэж бос ох бөгөөд ахмад настан нь дараа нь эхэлж, эхлээд босно.

⑥ 웃어른이 아랫사람의 절에 답배할 때에는 아랫사람이 절을 시작해 무릎을 꿇는 것을 본 다음에 시작해 아랫사람이 일어나기 전에 끝낸다. 비록 제자나 친구의 자녀 또는 자녀의 친구 및 16년 이하의 연하자라도 아랫사람이 성년(成年)이면 답배를 한다.
Ахмад настан дүү хүний мөргөж ёслоход нь хариуёслох үедээ дүү хүн нь эхлээд мөргөж ёслон өвдөг сөхөрхийг нь харсны дараа өөрөө эхлэх бөгөөд дүү хүнийг босохоос нь өмнө дуусгана. Хэдийгээр шавь болон найзын хүүхэд, мөн хүүхдийн найз зэрэг 16 наснаас доош насаар дүүмэ д хүмүүс нь байсан ч дүү хүмүүст насанд хүрэгчдийн адил хариу ёсло л барина.

3) 남자가 절을 할 때의 예절: Эрэгтэй хүн мөргөж ёслох үейн ёс журам

① 손을 포개어 잡고 대상을 향해 선다.
Хоёр гараа давхарлаж бариад мөргөж ёслох хүнийг чиглэж зогсоно.

② 허리를 굽혀 포개어 잡은 손을 바닥에 짚는다. (이때 손을 벌리지 않는다.)
Нуругаараа бөхийж давхарлаж барьсан гараа шалан дээр шалан дээр тавина. (Энэ үед гарыг дэлгэж болохгүй)

③ 왼쪽 무릎을 먼저 꿇은 후 오른쪽 무릎을 왼쪽 무릎과 가지런히 꿇는다.
Зүүн талын өвдгийг эхлэж сөхөрсний дараа баруун талын өвдгийг зүүн талын өвдөгтэй тэгш сөхөрнө.

④ 팔꿈치를 바닥에 붙이며 이마를 손등에 댄다. 이때 엉덩이가 늘리지

않도록 한다.
Тохойг шаланд нааж духаа гарын ард хүргэнэ. Энэ үед бөгсөө өргөхгүй.

⑤ 잠시 머물러 있다가 머리를 들며 팔꿈치를 바닥에서 뗀다.
Тэр хэвээрээ хэсэг байсны дараа толгойгоо өргөж, тохойгоо шалнаас салгана.

⑥ 오른쪽 무릎을 먼저 세운 뒤 포개어 잡은 손을 바닥에서 떼어 그 위에 얹는다.
Баруун талын өвдгийг эхлээд босгосны дараа давхарлаж барьсан гараа шалнаас өргөн авч түүний дээр тавина.

⑦ 오른쪽 무릎에 힘을 주며 일어나서 왼쪽 발을 오른쪽 발과 가지런히 모은다.
Баруун талын өвдгөнд хүчээ өгч босоод зүүн талын хөлийг баруун талын хөлтэй ижил байрлалд тавина.

4) 여자가 절을 할 때의 예절: Эмэгтэй хүн мөргөх ёслох үеийн ёс журам

◎ 큰절:부모님, 친척 어른, 제례 등의 의식행사에 쓰임
Их мөргөх ёслол: Аав ээж, хамаатны ахмад настан, нас барсан хүнийг хүндэтгэх ёслол зэрэг ёслолын арга хэмжээн дээр хэрэглэнэ.

① 포개어 잡은 손을 어깨높이로 수평이 되게 올린다.
Давхарлаж барьсан гараа мөрний өндөртэй тэгш байхаар өргөнө.

② 고개를 숙여 이마를 손등에 붙인다. (엄지손가락 안쪽으로 바닥을 볼 수 있게 한다.)
Толгойг бөхийж духаа гарын ард наана. (Эрхий хуруу дотор тал руу газар луу харахаар байна)

③ 왼쪽 무릎을 먼저 꿇은 후 오른쪽 무릎을 왼쪽 무릎과 가지런히 꿇는다.
Зүүн талын өвдгийг эхлээд сөхөрсний дараа баруун талын өвдгийг зүүн талын өвдөгтэй тэгшээр сөхрөнө.

④ 오른쪽 발이 앞(아래)이 되게 발등을 포개며 뒤꿈치를 벌리고 엉덩이를 내려 깊이 앉는다.
Баруун талын хөлний урд тал (доод тал) болохоор хөлийн арыг давх

арлаж өсгийгөө дэлгэж бөгсөө доошлуулж сууна.

⑤ 윗몸을 반(45도)쯤 앞으로 굽힌다. 이때 손등이 이마에서 떨어지지 않도록 주의한다.
Биеийн дээд хэсгийг хагас (45 градус) орчим урагшаа бөхийнө. Энэ үед дээ гарын ард талыг духнаас холдуулж болохгүйг анхаарна.

⑥ 잠시 머물러 있다가 윗몸을 일으킨다.
Энэ байдлаараа түр зогсосхийгээд биеийн дээд хэсгийг босгоно.

⑦ 오른쪽 무릎을 먼저 세운다.
Баруун талын өвдгийг эхлээд босгоно.

⑧ 일어나면서 왼쪽 발을 오른쪽 발과 가지런히 모은다.
Босонгоо зүүн талын хөлийг баруун талын хөлтэй ижил байрлалд авчирна.

⑨ 수평으로 올렸던 손을 원위치로 내리며 고개를 반듯하게 세운다.
Тэгш өргөсөн гараа үндсэн байрлал руу нь буулгаж толгойгоо шулуун өргөнө.

◎ 평절:선생님, 연장자, 형님, 누님 인사
Ердийн өдрүүдийн мөргөх ёслогоо: багш, ахмад настай хүн, ах, эгчдээ мэндчилэх

① 포개어 잡은 손을 풀어 양 옆으로 자연스럽게 내린다.
Давхарлаж барьсан гараа задалж хоёр тал руугаа чөлөөтэй буулгана.

② 왼쪽 무릎을 먼저 꿇은 후 오른쪽 무릎을 왼쪽 무릎과 가지런히 꿇는다.
Зүүн талын өвдгийг эхлээд сөхөрсний дараа баруун талын өвдгийг зүүн талын өвдөгтэй адил сөхрөнө.

③ 오른쪽 발이 앞(아래)이 되게 발등을 포개며 뒤꿈치를 벌리고 엉덩이를 내려 깊이 앉는다.
Баруун талын хөлийн урд тал(доод тал) байхаар хөлийн арыг давха

рлаж өсгийгөө дэлгэж бөгсөө доошлуулж сууна.

④ 손가락을 가지런히 붙여 모아서 손끝이 밖(양 옆)을 향하게 무릎과 가지런히 바닥에 댄다.
Гарын хуруунуудаа ижилхэн нааладуулж хумин гарын төгсгөлийг гадагш (хоёр талын хажуу) руу чиглэхээр өвдөгтэй адил газарт хүргэнэ.

⑤ 윗몸을 반(45도)쯤 앞으로 굽히며 두 손바닥을 바닥에 댄다. (이때 엉덩이가 들리지 않도록 한다)
Биеийн дээд хэсгийг хагас (45 градус) орчим урагш нь тонгож хоёр гарын алгыг газарт хүргэнэ. (Энэ үед бөгсөө өргөхгүй)

⑥ 잠시 머물러 있다가 윗몸을 일으키며 두 손바닥을 바닥에서 뗀다.
Энэ байрлалаараа түр байсны дараа биеийн дээд хэсгийг өндийлгөж хоёр гараа шалнаас өргөж авна.

⑦ 오른쪽 무릎을 먼저 세우며 손끝을 바닥에서 뗀다.
Зүүн талын өвдгийг эхлээд босгож гараа шалнаас өргөнө.

⑧ 일어나면서 왼쪽 발을 오른쪽 발과 가지런히 모은다.
Босонгоо зүүн талын хөлийг баруун талын хөлтэй адил болгоно.

⑨ 손을 다시 포개어 잡고 원래 자세를 취한다.
Гараа дахин давхарлаж бариад үндсэн байрлалдаа орно.

**10. 가족이나 가까운 친척이 상을 당했을 때의 예절:** Гэр бүлийнхэн болон ойрын хамаатнуудын оршуулгын үеийн ёс журам

① 사람이 위독하면 병원에 입원하기도 하나 가능하면 평소 살던 집의 안방으로 모시고 머리가 동쪽으로 향하게 눕힌다.
Нас барах нь тодорхой болсон өвчтөнийг эмнэлэгт хэвтүүлэх буюу боломжтой бол ердийн үед амьдарч байсан гэрийн дотор талын өрөөнд нь оруулж толгойг нь зүүн зүг руу чиглүүлэн хэвтүүлнэ.

② 환자가 보고 싶어할 사람과 환자를 보아야 할 사람에게 연락을 취한 뒤 환자의 곁을 떠나지 않고 조용히 지킨다.

Өвчтөний уулзахыг хүсч байгаа хүн болон өвчтөнийг харах ёстой х үнд холбоо өгч өвчтөний хажуугаас холдолгүй чимээгүй сахиж байна.

③ 집의 안팎을 정돈하고, 환자가 세상을 떠났을 때 알려야 할 곳을 기록해 정리하고, 가족들이 해야 할 일도 각자 준비한다.
Гэрийн дотор гадна талыг цэгцэлж, өвчтөн ертөнцийг орхих үед мэдэгдэх ёстой газруудыг тэмдэглэн цэгцэлж, гэр бүлийнхний хийх ёстой ажлуудыг ч тус бүрдээ бэлдэнэ.

④ 환자의 마지막 유언을 조용한 가운데 잘 듣도록 한다.
Өвчтөний сүүлийн гэрээсийг чимээгүй, сайн сонсоно.

⑤ 환자의 옷을 깨끗한 옷으로 갈아 입힌다.
Өвчтөний хувцсыг цэвэрхэн хувцасаар сольж өмсгөнө.

⑥ 가능하면 의사가 환자의 곁을 지키도록 하고, 그렇지 못할 때에는 환자의 입이나 코 위에 솜 등을 얇게 펴놓아 숨지는 것을 알 수 있도록 한다.
Боломжтой бол эмч өвчтөнийг сахихаар байлгаж, ингэж чадахгүй нөхцөлд өвчтөний ам болон хамар дээр хөвөн зэргийг нимгэлэн дэлгэн тавьж амьсгалж байгаа эсэхийг мэдэгдэхээр байлгана.

⑦ 환자가 숨을 거두면 의사를 청해 사망을 확인하고 사망진단서를 받는다.
Өвчтөн амьсгалахаа зогсвол эмчийг авчирч нас барсныг баталгаажуулж нас барсан оношлогоог авна.

⑧ 사망이 확인되면 지키던 가족과 친척들은 슬픔을 다한다.
Нас барсан нь тогтоогдвол сахиж байсан гэр бүлийнхэн болон хамаатнууд нь гашуудлыг хийнэ.

⑨ 숨을 거둔 후 한 시간 내에 반드시 죽은 이의 가족이 아래의 절차로 주검을 수습하여 모신다.
Амьсгал хураасны дараа нэг цагийн дотор заавал нас барсан хүний гэр бүл дараах дараалаар цогцосыг байрлуулна.

1) 죽은 이의 눈을 손으로 쓸어내려 잠자듯이 감긴 후 머리가 남쪽으로 가도록 방의 한쪽에 반듯하게 눕힌다.

Нас барсан хүний нүдийг гараараа илэн унтаж байгаа юм шиг аниулсны дараа толгойг урд зүг руу чиглүүлэн өрөөний нэг талд шулуунаар хэвтүүлнэ.

2) 주검의 발바닥을 벽에 닿도록 하여 반듯한 모습으로 유지시키고, 무릎을 곧게 펴서 붕대나 질긴 백지 등으로 묶는다.

Талийгаачийн хөлийн улыг хананд тулгаж шулуун байдлаар байлгаж, өвдгийг тэгш болгож боолт болон хатуу цаас зэргээр бооно.

3) 두 손은 배 위로 모아 오른손이 위로 가도록(여자의 경우는 왼손이 위로 가도록 함) 포갠 뒤 역시 붕대나 백지 등으로 묶는다

Хоёр гарыг гэдсэн дээр нь авчирч баруун гарыг дээр нь (эмэгтэй хүн бол зүүн гарыг дээр нь) давхарласны дараа бас боолт болон цаасаар бооно.

4) 주검의 머리를 반듯하게 유지시키고 입에는 나무젓가락 등에 솜을 말아 물려서 오므려지지 않도록 한 후, 솜으로 귀를 막고 거즈 등으로 코와 입을 덮어 벌레나 곤충 따위가 들어가지 못하도록 한다.

Талийгаачийн толгойг тэгшхэн болгож аманд нь модон савх зэргийн хөвөнгөөр ороон зуулгаж хумигдахгүй болгосны дараа, хөвөнгөөр чихийг нь таглан самбай даавуу зэргээр чих ба амыг нь хучиж шавьж ба хорхой зэрэг орохгүй болгоно.

5) 홑이불로 얼굴을 포함한 몸 전체를 덮는다.

Нимгэн хөнжил болон орны даавуугаар нүүр, их биеийг бүхэлд нь хучна.

⑩ 주검 앞을 병풍이나 장막으로 잘 가리고, 그 앞에 향상(香床)을 차려 향을 피우며, 두 개의 촛대를 향로좌우에 세워 촛불을 켜 빈소(殯所)를 차린다.

Талийгаачийн урд эвдэг хаалт болон хөшиг тавин сайн халхалж, түүний урд үнэртний ширээ тавьж үнэртнийг(хүж зэргийг) асааж. 2 ширхэг лааны тавиур тавьж лааг асаан гашуудлын өрөөг засна.

⑪ 방안을 다시 정리한 뒤, 빈소를 지키며 조문객을 맞는다.

Өрөөн доторхыг дахин цэгцэлсний дараа, гашуудлын өрөөнд байнга байж эмгэнэл илэрхийлэхээр ирэгсдийг угтан авна.

⑫ 시신을 입관(入棺)한 다음, 가족과 가까운 친척들은 상복으로 갈아입는다. 한복을 입을 경우에는 흰색으로, 양복을 입을 경우에는 검은색 양복과 넥타이를 사용한다. 남자는 무명으로 만든 흰색의 건(巾) 또는 삼베로 만든 건을 머리에 쓰며, 여자의 경우는 흰색 머리쓰개를 쓴다.

Талийгаачийг авсанд хийсний дараа, гэр бүлийнхэн болон ойрын хамаатнууд нь гашуудлын хувцас өмсөнө. Солонгос үндэсний хувцас өмссөн нөхцөлд цагаан өнгийг, европ хувцас өмссөн тохиолдолд хар өнгийн костюм ба зангиаг хэрэглэнэ. Эрэгтэй нь хөвөн нэхмэлээр хийсэн цагаан өнгийн хувцас, олсо ор хийсэн малгай өмсөх бөгөөд эмэгтэй хүн нь цагаан өнгийг малгай хэрэглэнэ.

**11.** 제사 지낼 때의 예절: Тахил өргөх (нас барагсдыг хүндэтгэх) үеийн ёс журам

① 복장은 기본적으로 한복이지만, 양복 정장을 입거나 평상복일 경우에는 화려하지 않은 단정한 옷차림을 한다.

Хувцас нь ерөнхийдөө солонгос үндэсний хувцас байх боловч европ хувцас өмсөх буюу өдөр тутмыг хувцас өмссөн тохиолдолд хээнцэр гоё биш, даруу ёсорхуу хувцасласан байна.

② 제사 전날에는 몸을 깨끗이 닦고 경건한 마음가짐을 갖는다.

Тахил өргөхдөө биеэ цэвэрлэн арчиж, сүсэглэх сэтгэлтэй байна.

③ 제사 준비는 모든 가족이 부모님을 돕는 과정에서 제사에 함께 참여할 수 있도록 한다.

Тахил өргөхөд бэлтгэлийг бүх гэр бүлийнхэн эцэг эхдээ туслах үйл явцаас эхлэн тахил өргөхөд хамт оролцоно.

④ 제사 중에는 남자는 왼손이 위로, 여자는 오른손이 위로 가도록 손을 포개어 잡고 다소곳하게 서 있는다.

Тахил өргөх үед эрэгтэйчүүд нь зүүн гарыг дээр нь, эмэгтэй нь баруун гарыг дээр нь оёр гараа давхарлан барьж томоотой зогсоно.

⑤ 절은 전통의식에 따라 두 번 한다.
　Мөргөх ёслогоог үндэсний ёсолыг даган хоёр удаа хийнэ.

⑥ 술잔을 올릴 때에는 무릎을 꿇고 단정히 앉아 두 손으로 술을 따른 다음 역시
　두 손으로 잔을 받들어 올린다.
　Архины хундагыг өргөхдөө өвдөг сөхөрч ёсорхуугаар суун хоёр гараара
　а архийг хийсний дараа бас хоёр гараараа хундагыг өрг
　өж тавина.

⑦ 부모님의 지시에 따라 제사를 진행한다.
　Эцэг эхийн зааврыг даган тахил өргөх ёсолыг хийж гүйцэтгэнэ.

⑧ 제사가 진행 중일 때에는 옆 사람과 잡담을 하거나 불필요하게 움직이는 일이
　없도록 주의 한다.
　Тахил өргөх ёслол явагдаж байх үед хажуугийн хүнтэй дэмий ярих бо
　лон хэрэгцээгүй хөдөлгөөн хийж болохгүйг анхаарна.

## 12. 문상을 할 때의 예절: Бусдын оршуулганд орлцох үеийн ёс журам

① 옷차림은 화려하거나 색상이 요란한 옷을 피하고 단정하게 입어야 한다.
　Хувцаслалт нь хээнцэр гоё биш бөгөөд өнгө нь содон хувцаснаас зайлс
　хийж төлөв хувцасласан байх ёстой.

② 먼저 호상소로 가서 자신의 신분을 알리고 분향소로 안내를 받는다.
　Эхлээд гашуудлыг хийж буй газар руу очиж өөрийгөө танилцуулаад
　гашуудлын өрөө руу явахыг заалгана.

③ 영정 앞으로 나아가 향을 피우고 오른손이 위로 가도록(여자의 경우는 왼손이
　위로 가도록) 포개어 잡은 뒤 잠시 서서 죽은 이를 추모하며 슬픔을 나타낸다.
　Зургийн өмнө очиж хүжийг асаагаад баруун гараа дээр нь (эмэгтэй хүн
　зүүн гарыг дээр нь) давхарлаж бариад хэсэг хугацаанд зогсон нас тали
　йгаачийг санагалзан дурсаж гуниж байгаагаа илэрхийлнэ.

④ 두세 걸음 뒤로 물러나서 영정을 향하여 두 번 절하며, 이 때에도 손은 앞의
　요령에 따라 포개어 잡는다.

Хоёр гурван алхам хойшоо ухарч зургийн өмнө 2 удаа мөргөх ёслогоог хийх бөгөөд энэ үедээ гар нь өмнөх зааврын дагуу давхарлаж барина.

⑤ 약간 뒤로 물러나서 상제가 있는 쪽을 향해 선 뒤, 상제에게 한 번 절한다.
Бага зэрэг арагшаа ухарч талийгаачийн ар гэрийнхэн байгаа зүгийг чиглэн зогссоны дараа нэг удаа мөргөж ёслоно.

⑥ 절을 마친 뒤 꿇어앉아 "얼마나 슬프십니까?" 등 상황에 적합한 인사말을 한다.
Мөргөх ёслогоог дуусгасны дараа сөхрөн суугаад "хичнээн гунигтай байна даа" гэх зэрэг нөхцөл байдалд тохирсон мэндийн үгийг хэлнэ.

⑦ 조문할 다른 손님이 기다리고 있으면 공손한 자세로 물러난다.
Гашуудлыг хуваалцах бусад зочид хүлээж байвал хүндэтгэлтэйгээр зай тавьж өгнө.

⑧ 다시 호상소로 가서 준비된 부조금품 등을 내놓는다.
Дахин гашуудлын газар луу гарч бэлтгэсэн буяны мөнгө, эд бараа зэргээ өгнө.

⑨ 대접하는 다과가 있으면 간단히 들고 일어난다.
Дайлж байгаа цайллага байвал түүнээс хүртээд босч явна.

⑩ 부모님과 함께 문상을 갈 경우에는 부모님의 지시에 따라 조문한다.
Эцэг эхийн хамт бусдын гашуудалд явах тохиолдолд эцэг эхийн зааврын дагуу гашуудах ёслолыг хийнэ.

# IV. 국기, 국가 및 국화에 대한 예절
: Magandang panuntunan sa Pambansang Watawat, Pambansang Awit at Pambansang Bulaklak

## 국기게양 ТӨРИЙН ДАЛБААГ ӨРГӨХ

경축일에는 깃봉과 기폭 사이를 띄지 않고, 조의를 표할 때에만 깃봉과 기폭 사이를 기폭만큼 내려(조기) 게양합니다.

Улсын баярын өдөр төрийн далбаа ба ишний дээд хэсэгтэй зай гаргахгүйгээр төрийн далбааг мандуулж, эмгэнэл илэрхийлэх үед далбааны ишний дээд үзүүрээс төрийн далбааны хооронд төрийн далбааны өргөний хэмжээтэйгээр буулгаж төрийн далбааг мандуулна.

- 국기 다는 날(경축일): Төрийн далбаа мандуулах өдөр (Улсын баярын өдөр)

    3월 1일(3.1절): Эрх чөлөөний бослогын өдөр
    7월 17일(제헌절): Үндсэн хууль батлагдсан өдөр
    8월 15일(광복절): Тусгаар тогтнолын өдөр
    10월 1일(국군의 날): Улсын цэргийн баярын өдөр
    10월 3일(개천절): Улс тунхагласны баярын өдөр
    10월 9일(한글날): Солонгосын Хангил үсэгийн өдөр

- 조기 다는 날: Төрийн далбаа хагас бөхийлгөх өдөр

    6월 6일(현충일): Эх орны төлөө амиа зориулагсадыг дурсгалыг хүндэтгэх өдөр

(1) 국기는 국가의 상징이므로 게양하지 않을 때에는 반드시 깨끗한 함에 넣어 소중하게 보관한다.
    Төрийн далбаа нь улсын бэлэг тэмдэг учраас төрийн далбааг мандуулаагүй байх үед заавал цэварэхэн хайрцганд хийж хүндэтгэлтэйгээр хадгалдаг.

⑵ 국기의 색이 바라거나 더럽혀진 경우, 낡아서 더 이상 사용이 곤란한 경우에는 반드시 소각하도록 한다.
　Төрийн далбааны өнгө алдах, хиртсэн нөхцөлд, хуучраад дахин хэрэглэх боломжгүй нөхцөлд заавал шатаах хэрэгтэй

⑶ 국기를 게양하거나 내릴 때에는 국기가 땅에 닿거나 끌리지 않도록 주의한다.
　Төрийн далбааг мандуулах болон буулгах үедээ газар хүргэх, газар чирэхгүй байхыг анхаарах ёстой.

⑷ 국경일이나 현충일 등의 기념일에는 반드시 국기를 게양하도록 하며, 가정에서 국기를 게양할 때에는 집 밖에서 보아 대문의 왼쪽에 게양한다.
　Улсын тэмдэглэлт өдөр болон эх орны төлөө үрэгдэгсдийг дурсгалын өдөр заавал төрийн далбааг мандуулах хэрэгтэй. Гэрбүлдээ төрийн далбааг мандуулахдаа гэрийнхээ гадна том хаалганы зүүн гар талд мандуулна.

⑸ 평상시나 경축일 등에 게양할 때에는 국기를 깃봉 바로 밑에 이어 게양한다.
　Энгийн үе болон тэмдэглэлт өдөр төрийн далбааг мандуулахдаа төрийн далбааг ишний дээд үзүүртэй залгуулж төрийн далбааг мандуулна.

⑹ 현충일 등 조의를 표해야 할 때에는 깃봉과 국기 사이를 기폭만큼 띄워 게양한다. 단, 깃대가 짧을 경우에는 깃대의 중간 위치에 국기를 게양한다.
　Эх орныхоо төлөө амиа зориулагчдыг хүндэтгэх өдөр гэх мэт эмгэнэлт өдөр далбааны ишний дээд үзүүрээс төрийн далбааны хооронд төрийн далбааны өргөний хэмжээтэйгээр төрийн далбааг буулгаж мандуулна. Төрийн далбааны иш богино нөхцөлд төрийн далбааны ишний голд төрийн далбааг байрлуулж мандуулна.

⑺ 비나 눈이 올 때에는 국기를 게양하지 않는다. 게양한 후에 비나 눈이 올 경우에는 즉시 거두어들였다가 날이 개면 다시 게양하여야 한다.
　Цас болон бороо ороход төрийн далбааг мандуулахгүй. Мандуулсны дараа цас болон бороо орох нөхцөлд төрийн далбааг буулгаад тэнгэр цэлмэсний дараа дахин мандуулна.

⑻ 국기에 대해 경례를 할 때, 평상복을 입은 사람은 국기를 향해 바른 자세로 서 서 오른손을 펴 왼쪽 가슴에 올리고 국기에 주목한다.
Төрийн далбаанд ёслохдоо жирийн хувцас өмссөн хүн төрийн далбааг чиглэн тэгш байдалтай зогсоод баруун гараа дэлгэж, зүүн талын цээ жиндээ өргөж бариад төрийн далбаанд ёслоно.

⑼ 평상복을 입은 상태에서 모자를 쓰고 있을 경우에는 오른손으로 모자를 벗어 들고 모자의 안쪽을 왼쪽가슴에 댄 채 국기에 주목한다.
Жирийн хувцас өмссөн байдалд малгайтай байх нөхцөлд баруун гараар аа малгайгаа тайлан авч малгайны дотор талыг зүүн талын цээжин дээрээ тавьж төрийн далбаанд ёслоно.

⑽ 군인이나 경찰관 등 제복을 입은 사람은 거수경례를 하고 국기에 주목한다.
Цэрэг болон цагдаа гэх мэтчилэн дүрэмт хувцас өмссөн хүн цэ

ргийн ёслол хийж төрийн далбаанд хүндэтгэл үзүүлнэ.

⑾ 국기의 게양식 및 하강식이 진행될 때, 국기를 볼 수 있는 위치에 있는 사람은 국기를 향하여 경계를 하며, 애국가 연주만 들리는 경우에는 그 방향을 향해 바른 자세로 선 채 연주가 끝날 때까지 움직이지 않는다.
Төрийн далбаан мандуулах ёслол болон төрийн далбааг буулгах ёсло л хийхдээ төрийн далбааг харж болох газар буй хүн нь төрийн далбаан ы зүг харан ёслол хийгээд, төрийн дуулал эгшиглэж буй үед төрийн далбаа уруу харж цэх зогсоод төрийн дуулал эгшиглэж дуустал хөдөл ж болохгүй.

# 태극기(국기) ТӨРИЙН ДАЛБАА

- 태극기에 담긴 뜻 : Төрийд далбааны утга

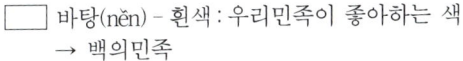

□ 바탕(nën) - 흰색 : 우리민족이 좋아하는 색
→ 백의민족

Дэвсгэр цагаан өнгө: Манай ард түмний дуртай өнгө -цагаан өнгө.

○ 원: 태극무늬를 둘러싸고 있는 원은 우주(단일성, 원만함, 통일성)

Тойрог: Төрийн далбааны хээг тойрон байгаа тойрог нь сансар огторгуй (ãàíöààð, энх тайван, эв нэгдэл)

● 태극무늬: Төрийн далбааны хээ
- 위쪽(붉은색): 양의 세계
  Дээд тал (улаан өнгө): Аргын ертөнц
- 아래(파란색): 음의 세계
  Доод тал (хөх өнгө): Билгийн ертөнц
- 서로 맞물려 돌아가는 모습: 음과 양이 세상의 모든 만물을 탄생시킴을 상징. (우리 민족의 무궁한 발전과 창조정신을 나타냄.)
  Хоорондоо нийлж эргэлдэн буй дүр төрх: арга ба билэг нь ертөнцийн бүх зүйлсийг үүсч бий болохыг билэгддэг (манай ард түмний мөнхийн хөгжил бүтээлч сэтгэлгээг илэрхийлдэг)

4괘: 4 Гурамсал (4 талд байгаа гурав гурван тасархай болон шулуун зураасууд)

○ 건(≡): 하늘을 나타냄.- Кон - Тэнгэрийг илэрхийлнэ
  - 계절 : 봄    Улирал:  хавар
  - 방향: 동쪽    зүг: зүүн зүг
  - 뜻 : 너그럽고 어짐(인)   утга : уужим өгөөмөр
○ 곤(≡≡): 땅을 나타냄.  Кун - газрыг илэрхийлдэг.

- 계절 :여름  Улирал: зун
- 방향:서쪽 зүг: баруун зүг
- 뜻 의로움(의) утга : шударга явдал

○ 감(≡):달 또는 물을 나타냄. Кам - Сар мөн усыг илэрхийлдэг
- 계절 :겨울 Улирал: өвөл
- 방향:북쪽 зүг : хойд зүг
- 뜻 :지혜(지) утга : мэргэн ухаан

○ 이(≡) :해 또는 불을 나타냄.И- Нар мөн галыг илэрхийлдэг
- 계절: 가을 Улирал: намар
- 방향:남쪽 зүг:  урд зүг
- 뜻 :예의(예) утга: ёс суртахуун

## 국가國歌에 대한 예절 ТӨРИЙН ДУУЛЛЫН ТУХАЙ

(1) 우리의 국가인 '애국가(愛國歌)'에 대해서는 4절까지의 가사 전체를 정확히 알고 있어야 함은 물론 그 속에 포함된 의미도 이해하고 있어야 한다.
Манай улсын дуулал болох Төрийн дууллын тухайд 4 бадаг хүртэлх үгийг бүгдийг нь тодорхой мэдэж байх хэрэгтэй бөгөөд мэдээж тэр дотор агуулагдаж буй утгыг мөн ойлгох хэрэгтэй.

(2) 국민의례시 애국가 제창은 4절까지 하는 것을 원칙으로 하나, 부득이한 경우에는 1절만 제창할 수도 있다.
Улсын иргэний ёсоор төрийн дуулалыг дуулахдаа 4 бадгаар нь дуулах нь зарчим бөгөөд аргагүй нөхцөлд 1бадгийг дуулж болно.

(3) 애국가를 제창할 때에는 경건한 마음으로 일어서서 끝날 때까지 움직이지 않는다.
Төрийн дуулалыг дуулахдаа өөрийн чин сэтгэлээсээ босоод дуустал нь хөдлөхгүй байх ёстой.

(4) 보행 중이거나 기타 다른 일을 하다가도 애국가 연주나 가창이 들리면 즉시 바른 자세를 취하고 끝날 때까지 움직이지 않는다.
Явган алхаж байхад болон өөр бусад ажил хийж байх үед төрийн дуулал эгшиглэх ба сонсогдох үед эгц зогсоод төрийн дуулалыг дууста

л хөдлөхгүй байна.

(5) 애국가는 어떤 경우라도 가사를 함부로 고쳐 부르거나 곡을 변조하여 불러서는 안 된다.
Төрийн дуулалыг дуулалыг ямарч үед үгийг нь өөрийн дураар хамааг үй засах болон хөг аяыг нь өөрчилөн дуулж болохгүй.

## 애국가(국가) Төрийн дуулал

애국가 가사에 담긴 뜻: Төрийн дуулалын утга:

제1절: 1-р бадаг

동해 물과 백두산이 마르고 닳도록 하느님이 보우하사 우리나라 만세 (넓고 깊은 동해 바다와 높고 푸른 백두산은 우리의 상징이다. 단군시대부터 오늘까지 긴 역사를 지켜왔다.)

Зүүн далай ус ба Бэгду уул ширгэн элэгдээл тэнгэрийн эвээлээр манай улс мандан бадраг (өргөн гүнзгий зүүн далай ба өндөр дүнсгэр Бэгду уул манай улсын бэлэг тэмдэг. Òàíãàíóü үеэс өнөө хүртэл урт түүхтэй.)

제2절: 2-р бадаг

남산위에 저 소나무 철갑을 두른 듯 바람서리 불변함은 우리 기상일세 (소나무의 푸른 모습에서 충신, 열사의 지조를 생각한다, 어려움 속에서도 뜻을 굽히지 않는 지조는 우리의 자랑이다.)

Намсан уулын дээр тэр нарс хуягыг нөмрөх мэт салхи хяруунд хувиршгүй бидний еэтгэл зүрх (нарс модны сүрлэг дүрээс чин сэтгэл, эх оронч журам бодогддог. Хэцүү цаг үед ч утга бөхийдгүй журам бидний бахархал)

제3절: 3-р бадаг

가을 하늘 공활한데 높고 구름없이 밝은 달은 우리가슴 일편단심일세 (가을하늘은 맑고 푸른 이상을 갖게 한다. 나라와 겨레를 위하여 충성심을 가슴 깊이

간직한다.)

Намрын тэнгэр уудам өндөр үүлгүй тэргэл сар нь бидний сэтгэл амгалан (Намрын тэнгэр цэлмэг, сүрлэг дүрийг илэрхийлдэг. Улс үндэснийхээ төлөө чин сэтгэлийг цээжиндээ өвөртөлдөг.)

제4절: 4-р бадаг

이 기상과 이맘으로 충성을 다하여 괴로우나 즐거우나 나라 사랑하세 (우리 민족은 평화를 상징하는 민족이다. 끊임없는 침략 속에서 우리 민족은 단결하여 외적을 물리쳤다.)
Энэ үзэл болон биеэрээ үнэнч байж, уйтгарлах, баярлахдаа улс орноо хайрлану уу (манай ард түмэн энх тайвныг бэлэгдсэн ард түмэн. Дуусашгүй түрэмгийлэл дотроо манай ард түмэн эв нэгтэй байж дайсныг няцаан хөөсөн.)

후렴: дахилт

무궁화 삼천리 화려강산 대한사람 대한으로 길이 보전하세 (무궁화 피어나는 우리 강산은 아주 아름답다. 우리 모두 삼천리 강산에 무궁화를 심고 가꾸자. 다같이 힘 모아 나라를 지키자.)
Үүдийг сахин хамгаалъя (Мүгүнхуа цэцэг дэлгэрдэг манай уул уус маш үзсэгэлэнтэй. Бид бүгд гурван мянган ли газар үзэсгэлэнт уул усаа мөнхжүүлье. Бид бүгд хүчээ нэгтгэн эх орноо хамгаалъя.)

# 몽골 국가 Монгол улсын төрийн дуулал

Дархан манай тусгаар улс
신성한 우리의 독립국가
Даяар Монголын ариун голомт
모든 몽골의 신성한 성지에
Далай их дээдсийн гэгээн үйлс
바다처럼 넓은 조상의 광영
Дандаа энхжиж, үүрд мөнхжинө
항상 평온이 찾아듦같이 영원히 이어지리.

Хамаг дэлхийн шударга улстай
전 세계의 우방과 함께
Хамтран нэгдсэн эвээ бэхжүүлж하나로 통일된 (이 땅의) 평화를 공고히 하는
Хатан зориг, бүхий л чадлаараа
굳건한 의지, 모든 능력으로
Хайртай Монгол орноо мандуулъя
사랑하는 몽골 만세

Өндөр төрийн минь сүлд ивээж
숭고한 우리의 국토(또는 소욤보)를 보호하고
Өргөн түмний минь заяа түшиж
만민의 운명을 드높여
Үндэс язгуур, хэл соёлоо
뿌리, 인이, 문화
Үрийн үрдээ өвлөн бадраая
후손에 길이 보전해주세

Эрэлхэг Монголын золтой ардууд
용맹한 몽골의 기상을 가진 국민들
Эрх чөлөө жаргалыг эдлэв
자유와 행복을 누리는
Жаргалын түлхүүр, хөгжлийн тулгуур

행복의 열쇠, 진보의 기둥
Жавхлант манай оронмандтугай
위대한 우리 조국 만세

## 나라꽃 무궁화: УЛСЫН ЦЭЦЭГ "МҮГҮНХУА"

① 반만년 유구한 역사와 더불어 흐르는 배달겨레의 얼이 담긴 꽃
  Таван мянган жилийн өнө эртний түүхтэй хамт урсан ирсэн Солонгосч уудын амин сүнсийг агуулж ирсэн цэцэг
② 해 뜸과 동시에 피어서 해짐과 함께 지는 항상 새로운 꽃
  Нар ургахтай хамт дэлбээлж нар жаргахтай хамт бөхдөг байнга шинээрээ байдаг цэцэг
③ 7월에서 10월까지 100일 간에 걸쳐 끊임없이 피어나는 꽃
  7 сараас 10 сар хүртэл 100 өдрийн турш тасралтгүй дэлбээлж байдаг цэцэг
⑤ 애국가의 후렴 속에 항상 피어나는 조국통일을 염원하는 꽃
  Төрийн дуулалын дахилт дунд үргэлж дэлбээлж буй эх орны эв нэгдлыг хүссэн цэцэг